名校名师丛书

教师走向成功的四项修炼

王国才 编著

北京出版集团公司
北京教育出版社

图书在版编目（CIP）数据

教师走向成功的四项修炼 / 王国才编著. — 北京：北京教育出版社，2019.3

（名校名师丛书）

ISBN 978-7-5704-0404-9

Ⅰ. ①教… Ⅱ. ①王… Ⅲ. ①师资培养—研究 Ⅳ. ① G451.2

中国版本图书馆 CIP 数据核字（2018）第 146257 号

名校名师丛书

教师走向成功的四项修炼

王国才 编著

*

北京出版集团公司
北京教育出版社 出版

（北京北三环中路 6 号）

邮政编码：100120

网址：www.bph.com.cn

北京出版集团公司总发行

全国各地书店经销

天津兴湘印务有限公司印刷

*

710 × 1000 16 开本 12 印张 150 千字

2019 年 3 月第 1 版 2019 年 3 月第 1 次印刷

ISBN 978-7-5704-0404-9

定价：36.00 元

质量监督电话：（010）58572817 58572750 58572393

前 言

教师修炼是教师的一种内在精神活动，是教师实现自我提升、自我完善、自我超越的有效途径。教师的成长需要修炼，只有那些具有强烈的自我发展愿景、不安于现状、永不满足、富有终身学习愿望的教师，才能真正通过修炼，体悟教育的魅力与艺术，感悟教育的真情与真谛，收获教育的幸福。

教师如何修炼呢？《教师走向成功的四项修炼》从细节入手，从确立正确教育思想、提高教师基本素质、有效做好课堂管理、建立良好师生关系四个方面，阐述了教师专业发展的可行性策略，解读了教师提升素质的有效途径，探讨了教师应具备的教育新理念，描绘了有活力的教师的生活方式，是每一位有志于从事教育的教师应该用“心”去读的一本书。

教育思想是每位教师的指南针，只有确立正确的教育思想，才能高屋建瓴，把握正确的工作方向。

教师的基本素质是教育工作的支点，只有具备全面、扎实的基本素质，才能使教育工作顺利进行。

有效的课堂管理是实现教育目标的途径。作为教师，必须实施课堂教学的有效管理。没有管理的课堂不可能是高效的。课堂管理的技巧是新课改背景下教师必备的。

师生关系是教育大厦得以建立的基石，一切成功的教育都离不开良好的师生关系。在当前新课程改革的形势下，作为一名教师，必须有能力与学生建立良好、和谐的人际关系。

本书的编写摒弃了以往的说教式叙述，选用了大量一线教育案例，从教师修炼的细节入手，用一个个话题的形式探讨教师的修炼方式，为教师走向成功铺设了一条坦途。本书编写坚持的宗旨：修炼教师形象，精练教师生活，锤炼教师专业，成就教育人生。

教师的工作既是一门科学，又是一门艺术。只有不断修炼自身，才能让课堂体现科学和艺术的结合之美。教师专业发展的路径是多元的，而教师自身的修炼则是一种最具活力、最持久、效果最明显的内在源泉。教师的修炼在于“修心、修情、修性、修行”，最终目的是“确立教育理想，构建教育信念；陶冶教育情操，养成教育德性；锤炼教育行动，提升教育能力；精练教育生活，感悟教育人生”。

编　者

目　录

1　确立正确教育思想

3 实施有效课堂管理

4 建立良好师生关系

1

QUELI ZHENGQUE JIAOYU SIXIANG

确立正确教育思想

1. 树立现代化的教育思想

现代化的人才来自现代化的教育，而教育现代化的实现则取决于教师是否具有较现代的教育观念。就当前教育改革特别是新一轮的课程改革而言，教师必须具备创新观念、民主观念、个性观念、人性观念、终身观念、未来观念以及教学中新的教材观、教师间的合作观、新的评价观等现代化的教育思想。而教师教育思想现代化的实现又需要在适宜的土壤中，在宽松的环境中去进行创新教育实践，这就要求教师的观念要及时更新，不断加大教育评估系统的改革。只有这样，教育现代化才会落到实处。实现教育思想现代化是个系统工程，而实现教师思想现代化是实现教育思想现代化必不可少的前提条件。

一、教师实现教育思想现代化的意义

当今世界，科学技术突飞猛进，知识经济初见端倪，国际竞争日趋激烈。国力的强弱越来越取决于人的素质，取决于人的数量和质量。这对教育如何培养和造就21世纪的一代新人提出了更高的要求。

社会反思

很多聪明的孩子因为某种不明原因而成绩平平，小学如此，中学也如此，大学仍是志气未伸。可是，一旦步入社会，却大展雄才伟略，光芒四射。反过来说，多少优良学生步出校门后却若有所失，不是未能活用知识，就是人际关系出了岔子，结果怀才不遇，终身不得志。所以，我们不要因孩子的成绩优良而得意忘形，也不要因孩子的成绩不好而嫌弃他。

基础教育，是培养现代人的奠基工程。现代教师应审视今天的教育，展望未来的教育，为培养现代人、提高民族的素质、培养具有高素质、创新能力的人才起到应有的作用。

现代人是面向未来的人，是具有创新精神和能力的全新的、高层次的人才。现代教师是在现代思想指导下运用现代教学手段培养现代人的新型教师。

教育现代化的核心是具有现代教育思想及观念。现代教育思想是培养现代人的先决条件，思想观念的现代化水平和高度是教育者育人水平和高度的体现。没有思想的教师是不称职的。只有实现了教育思想现代化，才能培养出现代社会发展所需要的人才。因此，现代教师必须具备现代教育思想。

二、现代教师应具备的现代教育思想

全面推进素质教育，培养适应新世纪的现代人，必须进行教育的变革和重组，而在这个过程中，首先必须从变革教育思想开始，广大教师必须树立以下现代教育的思想和观念：

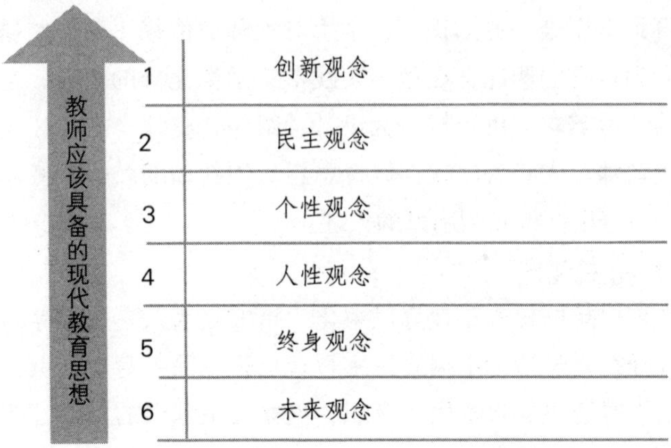

（一）创新观念

新的世纪，国际人才竞争出现白热化，出现了人类资源的再开发。人脑是一个资源，而且是一个取之不尽，用之不竭，可以再生的资源大矿，这个资源大矿就是人的创造力。我们的教育重传统，重规范，重共性，唯书至上，形成了思维的惰性，忽略创新和个性潜能的开发。新世纪，教育要创新，民族要创新，创新是人的素质现代化的最高体现，创新是一个民族进步的灵魂，是国家兴旺发达的不竭动力。教育创新的关键是人，而人的工作关键是人的思想，因此教师的教育思想必须具有创新性。

> 所谓创新观念，就是教师以培养未来社会所需要的高素质综合性人才为己任，积极吸收现代教育研究的新成果，并在实践中不断探索、不断创新的思想观念。

具有创新观念的教师应当“对世界上的一切事物都不陌生”，尤其是跨世纪的一代教师应当在动手能力、指导能力、组织教学能力、开拓创新能力以及教育管理能力方面从更高的水准上重塑自己。教师必须充分认识到自己不再是学生唯一的知识源，学生对教师的依赖正明显减弱。教师必须充分认识到自己的职能，在教学实践中给学生充分的时间、空间，满足不同学生的学习需求，由讲授变为设计、组织、建议、指导、鼓励。创新观念是现代教师首先必备的现代教育思想。创新型的教师必将促进教改的深入开展，培养出一批批创新型的人才。

（二）民主观念

现代教育思想的核心是教育民主化，指的是人人享有均等的受教育机会，也指教师在教学活动中树立民主教育意识、民主管理意识、民主决策意识、师生平等意识、教学民主意识，创立民主和谐的氛围，促进学生们主动发展。“教师是平等中的首席。”这是当前世界各国教育发展的共同走向。在具有民主观念的教师眼中，学生无贵贱好差之分，教师目之所及皆为“人”，教师最疼爱、最关心的应是那些所谓的“后进生”。有民主观念的教师绝不过高地估计自己所教学科的价值，而把它始终定位于对一个完整的人的发展上。众所周知，兴趣是学生学好各科知识的前提。保持学生学习的兴趣，一方面依赖于学生逐步明确的学习目的，另一方面则有赖于教师的业务水平和师生之间的感情。教师必须做到以饱满的热情、愉快的情绪、亲切的教态走进课堂。

教学中，教师应尽一切可能去鼓励学生，对于回答错误的同学，教师尽可能不说："不对，你错了。"而是说："再想一想。"并示意其坐下。

教师应当善于与学生沟通，发扬民主，分层次评价学生，尊重、理解、宽容地对待每一位学生，满怀信心地相信他们会取得进步；在课外要放下架子和学生做知心朋友，及时帮助他们解决困难，尤其不要偏向优等生，对"后进生"应给予特别的爱护和关心。这样做必然会赢得他们的尊重，树立教师的威信，让他们喜欢你，保持对学习的兴趣。

做一个民主的老师

有这样一位老师，他所带的班考试成绩总是处在年级前列，但学生对他的评教满意率却很少能达到平均值。座谈会上学生反映，对该教师的教学方法、教学能力他们都能接受，但该教师过于严肃，少有笑脸，与学生谈话时总是居高临下，凡事没商量，我行我素，唯我独尊，不够民主。

教师要有必要的亲和力，只有把学生当成大写的人，当成自己的亲密朋友，才能容忍学生的缺点，尊重他们的话语权；才能控制自己的情绪，做到以理服人、以情动人。教育上的民主化将培养有民主意识的现代人，而且有民主意识和民主能力的现代人又将促进教育的民主化，进而实现全社会的民主化。

（三）个性观念

现代社会需要各种各样的人才，特别是需要有创造能力和开拓精神的人才。而创造性和个性是密不可分的，只有重视个性的培养，才能培养出人的创造能力和开拓精神。

个性的发展不仅是人的身心发展的需要，也是社会发展的需要。有个性的人一般善于独立思考，具有批判精神和创造力，有坚强的意志和行为能力。要让每个学生真正认识自我个性，并使其在认识自我个性的同时，认识他人的个性，尊重他人的个性，形成个性群体的结构化、多样化。教师不应把学生培养成“两耳不闻窗外事”的“乖学生”，而应相信每个学生都能迸发出智慧的火花，能够理解学生的兴趣爱好，允许学生发展自己的特长，并真诚地帮助他们在非本学科领域里获得成功，把他们培养成博雅皆通、视野开阔、富有个性又勇于创造的学生。

（四）人性观念

从近代开始，由于科技成就的巨大以及转化为现实生产力的比重较大，经济的发展与社会的进步对科技的依赖程度逐渐增强，因此，科学主义思想一直占据着主导地位，在教育中把传授知识、开发智力、培养能力以及形成科学精神视为教育最根本甚至是唯一的目标。然而，单纯的科学教育并不能保证人们将科学技术只用于造福人类。相反，如果一个人或一部分人仅仅具有科学技术而缺少人性，他将比愚昧无知的人给人类造成的危害更大。

加强人性教育

现实中的教育往往令人触目惊心，真实的案例会让人看不到教育本应具有的光环。

一次，幼教专家到一家幼儿园进行心理测试，其中有这样一个题目："一个小妹妹发烧了，冷得直哆嗦。你愿意借给她外套吗？"结果孩子们半天都不回答。当老师点名时，第一个孩子说："病了要传染的，她穿了我的衣服，那我也该生病了。我妈妈还得花钱。"第二个孩子则说："我妈妈不让。我妈妈会打我的。"结果，半数以上的孩子都找出种种理由，表示不愿意借衣服给生病的小妹妹。

人文精神教育是本位，而知识教育和技术教育应是建立在人文教育基础之上的。可是，目前的学校教育只注重了知识性和技术性的一面，对于人文精神的培养、人格气质的升华等则未给予足够的重视。教师应对学生进行人文精神教育，为他们未来的生活打下健康的人文修养基础。

（五）终身观念

人类社会已进入知识爆炸时代，知识总量每年以几何级数增长，知识的更新期已缩短为五年。教师作为知识的传播者、学生获取知识的指导者，必须使自己的知识储备具有新鲜的活力，必须树立终身学习的观念，不断"充电加油"接受继续教育。绝大多数教师都能够本着更好地为学生服务的思想，根据内在的需要，自觉地学习。

现代科技的革新和知识的老化，使学生在校学到的知识已不能满足其一生的需要。教师一方面要培养学生在有限的时间内学到获取无限知识的本领；另一方面要通过身教，培养学生获取知识和能力的自觉性，使其具有"活到老学到老"的终身学习观念。只有这样，才能确保学生终身学习而不被时代所淘汰。

教育终身化，具有时间长的特点，伴随人的一生；还具有空间广的特点，不仅仅局限于学校，而且延伸到社会和家庭；其内容宽泛并具有延展性，且不断更新。这些特点，要求学校教育、家庭教育和社会教育有机结合，全面规划，整体思考，培养学生学会学习、生存、发展、创新。

（六）未来观念

未来学家曾告诫人们，对于今天的人来说，只了解过去是远远不够的，因为此时此刻的环境很快就会被新的环境所取代，人们必须要学会预测未来社会变化的趋势、速度、方向，了解未来，掌握未来。除此之外，新的教学观念正伴随着新一轮课程改革的不断深化而涌现。如新的教材观、教师间的交往合作观及新的评价观等。

总之，广大教师只有具备了创新观念、民主观念、个性观念、人性观念、终身观念和未来观念等现代教育思想，才能在动手能力、指导能力、组织教学能力、开拓创新能力以及教育管理能力等方面从更高的水准上重塑自己。创新型的教师必将促进教改的深入开展，培养出一批批创新型的人才。

教育思想现代化是教育者育人功能的必然要求，是教育者成为名师的动力源泉。思想观念的现代化水平和高度是教育者育人水平和高度的体现。我们要站在跨世纪的制高点来审视今天的教育，思索明天的教育。

三、如何实现教师教育思想现代化

实现教师教育思想现代化的途径是多方面的，既需要外部条件，又需要自身努力。我们不妨从以下几方面入手。

（一）积极进行创新教育实践

辩证唯物主义认为，社会存在决定社会意识，有什么样的现实教育活动，就会有什么样的社会教育观念。我们应该大力倡导各种现代独特的教育实践活动，努力探索全新的教育人事制度、考试制度和管理制度，以促进现代教育观念的形成。

建立课堂、学校与生活、社会的联系，强化知识界与社会联系的气氛，形成良好的社会风气，有助于引导青少年正确娱乐，有助于将社会公益活动与社会实践活动有机结合起来。

经典论述

社区学校是促进文化传播、推进社区居民终身教育的有效载体。要确立“育人为本”和以教学、娱乐为中心的观念。在横向上，各类教育相互衔接和沟通，社区教育、学校教育、家庭教育相互结合和促进，形成网络；在纵向上，要适应终身学习的需要，建立学习型社区、学习型家庭、学习型企业和学习型组织，构建终身教育体系。我们要充分发挥社区学校的积极作用，为社会文明进步做出新的贡献，进一步推进社区学校和社区文化的交融发展。

（二）理论与实践相结合

我们在承认社会存在决定社会意识的同时，也不能忘记社会意识对社会存在具有反作用。通过对理论的探索、争鸣，先进的教育观念不断呈现在人们面前，并且影响人们的行为。如果说没有革命的理论就没有革命行动的话，那么，我们可以说没有现代化的教育思想作指导，也就不会有正确、完整的现代教育活动。为迎接新一轮的课程改革，学校可以聘请几位专家与学校老师师徒结对，更好地贯彻落实新课程。

（三）改变领导观念

我国传统教育的观念和机制对现代教育的阻碍还很大。因此，领导教育观念现代化的程度，对整个国家教育观念现代化的影响至关重要。如果一个领导的观念还没有转变，那么教师的教育观念就难以冲破传统教育的藩篱和枷锁。

总之，教师只有让自身的教育观念现代化，才可以去影响学生，帮助学生实现教育观念的现代化，以此带动整个社会教育观念现代化。只有教育现代化与人的现代化同步和谐地发展，以现代化的教育思想培养出高素质的现代人，才能实现中华民族的伟大复兴。

2. 教师需要合作精神

教师之间要团结协作。教育事业是教师的集体事业，学校教育教学的成败取决于教师集体的工作，只有团结一致的教师集体，才能保持教育的一致性和完整性，并以其团结一致、相互尊重的模范行为和良好的风范对学生产生影响，使学生在无声的教育中受到感染和熏陶，为学生形成良好的品德提供榜样。反之，如果教师间互相诋毁、攻击，一旦被学生感知，就会严重影响我们的教师形象，不利于在学生中开展正面教育。

21 世纪是一个竞争的时代，更是一个合作的时代。竞争与合作是现代社会人际交往中的重要课题，它们不仅是人际相互作用的基本形式，也是整个社会生活中最常见的现象，合作精神是人人都要具备的基本素质之一。新的课程标准要求学生通过合作来进行学习。作为教育工作的实施者，教师要教会学生合作，自己首先要学会合作。

现实情况是，虽然大部分教师都认识到了合作的重要性，但对教师合作的重要性大多停留在感性的认识上，即使是学校最普遍的相互听课活动，大部分老师也都是抱着完成学校安排的任务的心态而进行的，教师主动合作的意识淡薄。一方面，社会的发展要求教师的教育与教学要成为一种集体活动;另一方面，教师仍在竭尽全力地独自支撑课堂。为什么教师的合作这么难?

一、“合作”本身的难度

巴纳德的社会合作理论揭示出组织的效率高低取决于是否可使协作的成员损失最小而获得的心理满足最高。协作目标要能适应协作环境，协作成员要能够为实现组织目标提供不可缺少的贡献。

历来我们就有“文人相亲”的传统，但也有“同行是冤家”之说。“文人相亲”，“亲”大多数情况下是相互吹捧，相互逢迎，而不是相互接近，增进沟通。“同行”之间往往首先设想自身的发展，“行业秘密”自然不宜外泄。教师合作本身就是一个需要付出智慧才能有所收获的事情。

二、教师的负担打击了合作的热情

由于各种因素的综合作用，教师工作量重是一个较普遍的现象。在升学压力下，在社会与家长的高期望值下，教师有点儿不堪重负。面对独生子女教育的复杂现状，面对超负荷的课时安排，面对考试结果的量化评价以及来自家长和学校领导的压力，教师没有额外的精力也不愿意去合作。正如梅奥的人本主义理论揭示的那样，人的因素是影响生产力的最重要因素，但个体是主动的个人，而不是被动的机器。教师被动合作，效果自然大打折扣。

三、培养教师的合作意识

小故事 大道理

有一个装扮得像魔术师的人来到一个村庄，他向迎面而来的妇人说：“我有一颗汤石，如果将它放入烧开的水中，水会立刻变成美味的汤，我现在就煮给大家喝。”

这时，有人找来了一个大锅，也有人提了一桶水，并且架上炉子和木柴，在广场烧起水。这个陌生人很小心地把汤石放入滚烫的锅中，然后用汤匙尝了一口，兴奋地说：“太美味了，如果再加入一点儿洋葱就更好了。”立刻有人冲回家拿了一堆洋葱。陌生人又尝了一口，说：“太棒了，如果再放些肉片就更香了。”有一个妇人快速回家端了一盘肉来。“再有一些蔬菜就完美无缺了。”陌生人又建议道。在陌生人的指挥下，有人拿了盐，有人拿了酱油，也有人拿了其他材料，最后当大家一人一碗蹲在那里享用汤时，他们发现这真是天底下最美味的汤。

那颗汤石不过是陌生人在路边随手捡到的一颗石头。其实只要我们愿意，每个人都可以煮出一锅如此美味的汤。当你贡献自己的一份力量时，众志成城，汤石就在每个人的心中。

目前，基础教育多方面的改革，尤其是教师人事制度的改革，形成了优胜劣汰的竞争气氛。有些教师由于对竞争机制、竞争观念的不全面理解，产生了思想认识上的误区。同时，教师作为高知识人群，自尊心普遍较强；同时那些非物质诱因，如领导的重视程度、学生的认可程度、在社会和同事中的知名度等，往往使教师产生较强的竞争意识。如果摆不正竞争与合作的关系，教师合作的开展。

那么，如何培养教师的合作意识呢？

（一）激活教师的合作意识

教师进行合作的前提是每位教师都有合作意识，可从以下三个方面着手来激活其合作意识：

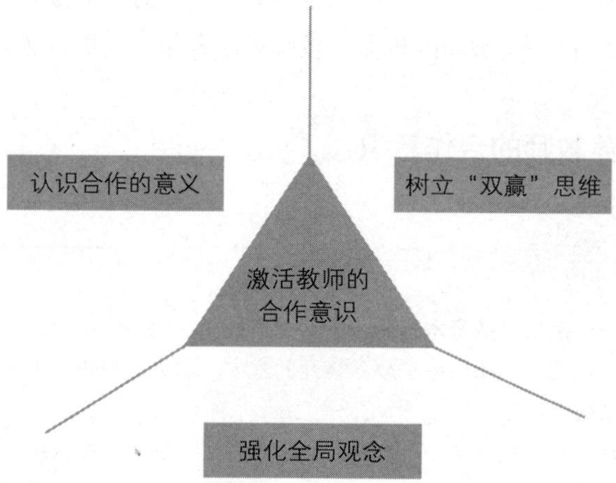

1．认识合作的意义

合作有利于保持教师间和谐的人际关系；合作有利于提高教育教学效果；合作能弥补缺陷、积蓄能量，有利于教师个人事业的成功；教师间的合作还有利于造就学生的完美人格。

2．树立“双赢”思维

改变人与人之间“非赢即输”的思维定式。植物界有一种“共生效应”，即某种植物单独生长时会枯萎死亡，而与另一种植物一起生长时二者都会生机勃勃。教师之间合作得好也可以产生这种“共生效应”。大家应在试图满足自己需求的同时，也主动考虑其他教师的需要，肯定其他教师的能力、贡献，主动关心帮助其他教师。

3. 强化全局观念

教育的目的是要全面提高学生的整体素质，各任课教师只有协调合作、团结一致，才能达到这一目的。有了全局观念，教师才会把所教课程摆在全局的恰当位置上，才能增强相互合作的自觉性。

（二）创造合作的良机

教师的劳动既是个体劳动，又是集体劳动。个体劳动使教师之间不可能自然而然地实现合作，集体劳动则为教师合作提供了可能性。教师可以通过以下途径形成合作习惯：

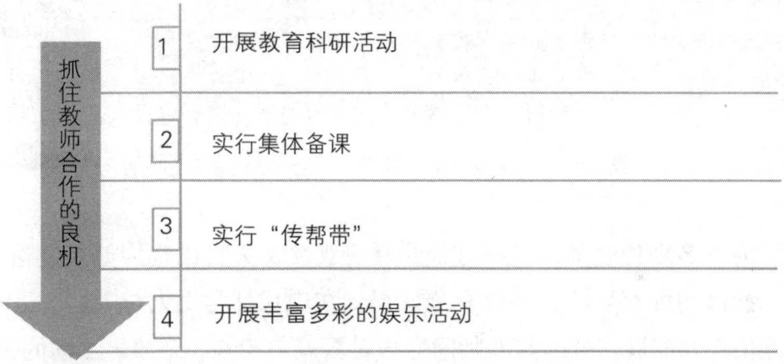

1. 开展教育科研活动

教育科研是一项系统工程，不是某一个教师能够独立完成的。学校应该组织全体教师共同参与，为大家通力协作创造机会。

2. 实行集体备课

让同一年级同一科目、不同年级同一科目、同一年级不同科目的教师一起备课，共同解决疑难问题，相互了解教学风格，使大家的合作成为日常行为。

3. 实行“传帮带”

学校要多组织老教师带新教师、骨干教师带一般教师的活动，使教师间的合作与友谊共同发展。

4. 开展丰富多彩的娱乐活动

组织教师参加各种聚会、比赛等形式多样的娱乐活动，将合作与娱乐活动结合起来。

经验分享

谈谈自己的一些做法，与大家共勉：

一是培养好相同学科教师之间的相互信任、相互尊重，以达到相互探讨、共同进步的目的。

二是不同学科教师之间要相互配合、相互容纳，这既是促使学生全面发展的需要，也是教学走向综合发展的需要。我是教数学的，但有些题目涉及物理、化学等学科，我就积极向相关老师请教。

三是班主任与任课老师之间要默契配合、协调一致，这是强化班级管理和学生教育工作的需要。众多教育工作者已达成共识：班主任是学校工作的脊梁，做班主任型的任课教师是必须的。

作为一名现代教师，应该进一步转变观念，为自己也为他人创造一个团结、和谐的教育环境，并要充分认识到在现代社会里人与人之间互相依赖才能生存与发展，教师与教师间应该是真诚、友善、开放、互助的关系，而不是猜疑、敌对、封闭、妒忌的关系，教师间要取长补短，培养正确的协作互动价值观。由此可见，合作不仅是团队精神的集中体现，更是一个人能否立足社会的资本。

3. 把乐观的精神带给学生

很多教师都有一个感觉，就是自己不是什么时候都能讲出一堂好课的。这跟学生一样，不是每个时间都能够学习到知识的。为什么呢？课堂教学是教师的工作，但是，这个工作也是由人来具体实施的。教师是人，不是机器，有自己的主观精神，也有自己的情绪。

有一些教师，以为自己没什么情绪，自己就是万能的，这是不对的。实际上，我们都清楚，如果我们自己的精神状态好，我们所做的工作从整体到局部都会细致一些；如果我们的精神状态不好，我们所做的工作就可能一点儿也不细致，甚至连对学生的基本的耐心都没有。

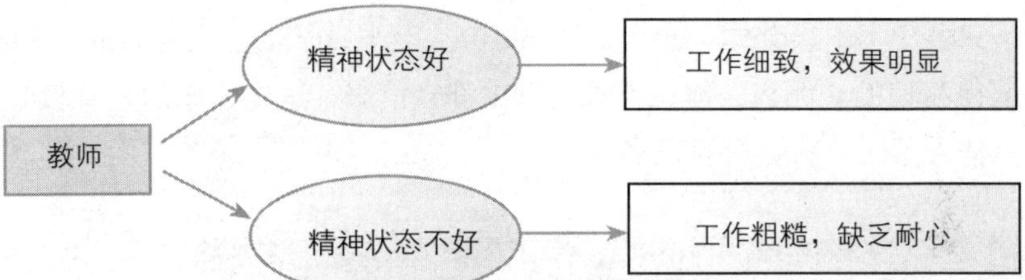

所以，我们需要及时调整自己的一些不良情绪。我们是成年人，这是肯定的。不过，这并不意味着我们能完全控制我们自己感性的情绪。比如：我们一时间不高兴，就很可能发脾气。遇到这种情况时，我们可以慢慢地调节自己，使自己达到一个适合教育教学的工作状态。

有一些讲教师身心健康的文章，是值得教师们认真学习的。为什么呢？这些文章包含的潜在的道理是这样的：只有你身心健康，那么你的精神或者心情才会是好的。所以，教师要注意对自己的精神状态进行调整。实际上，每个教师都应该有一套属于自己的调节自己精神状态的方法。

> 教师是什么样的人要比他教授什么更为重要。”
>
> ——卡尔·明格

如果我们要做出个样子，那就注意一下情绪。尤其是有一些人生气的时候，可能会长时间身体不舒服，从而不能做好教育教学工作。如果教师能够注意心理健康的调试，就可以马上投入工作中去。

即使教师自己有很大的情绪，学生也并非你的生死仇敌。所以，教师在发脾气之前需要考虑闹情绪以后如何面对学生。

我们和学生之间发生什么事情都需要直接面对和解决，不要将我们的责任完全推卸掉。如果我们站在与学生对立的立场上和学生闹情绪，就会激起学生的不满。

我们希望无论遇到什么问题，都要很好地、快速地、合理地解决，即使不好解决，也要当着学生的面说清楚。你说清楚了，就不会有学生误解你。只要学生不误会你，什么事情都好办。至少，学生会认为你是诚实的，是值得相信的。那么，你说什么，学生都会信服。这样，你的教育教学工作具体开展时，就会容易很多了。

什么是“乐观的心态”

教师的乐观精神主要包括宽容精神、赏识意识和有激情的生活。宽容精神是一种“人不知而不愠”的修养，这样的人不会喋喋不休地抱怨；赏识意识是对他人表达真诚的认可和尊重；“激情”指的是一个人的精神状态。选择教师这个职业意味着要选择一种乐观主义生活方式。

乐观的第一指标是“赏识”。不仅要宽容他人，还要赏识他人，渴望赏识是人性中最可爱的弱点。

乐观的第三个指标是内心“宁静”、有激情，能快乐地生活。人总是喜欢和那些能够给人带来快乐的人在一起。

快乐是一种能力。能够把笑声带给别人的人，有一种能力，叫感染。喜欢把痛苦带给别人的人，也有一种能力，叫传染。特别是作为教师，我们更要有乐观的心态，要以乐观的心态感染学生和他人。

教师也是人，有时候也有情绪，所以我们的教师需要常常调节自己的精神状态，多做一些提高自己的精神情趣的事情，用良好的精神状态来面对学生，开展教育教学工作。我们的学生不会喜欢天天愁眉苦脸的教师，而是喜欢乐观开朗的教师。我们需要把乐观的精神带给孩子们。

4. 要重视育人工作

一、“教书”与“育人”的关系

如果教书只是指我们的教师把课本上的东西讲明白、讲透彻，那么就和育人分开来了。但是，教书和育人可以分开吗？

教书和育人是不能够分开的。教师对学生生活中的言行举止不做管理，是十分错误的，尤其是在基础教育阶段。我们教书，首先是要把课本上的知识给同学们讲清楚，但是并不能到此为止。如果到此为止，我们的教育教学就会落入肤浅的窠臼。

在中国，有的人反对学校教育。这就需要我们对学校教育进行反省。现在很多地方强调学校为学生服务，这有利于我们对学生进行教育，而不是改变教育的含义。我们要对学生的学习、生活等各个方面都予以密切关注，这样才能了解更多学生的实际情况，从而方便展开有效的教育教学工作。

我们常常说起教育教学，其中教育主要是针对学生开展的课本以外的一些关于人生、社会方面的常识性引导；教学，则是针对学生开展的课堂教学活动。教师最重视的永远是教学工作。

我们在某一具体环境中进行教学工作，势必要考虑到教学工作的实际效果。开展教育方面的工作，可以充分地提高教学工作的实际效率。

如果我们不注意育人方面的工作，忽视了学生的思想成长以及学生头脑里面的所思所想，那我们将无法知道学生是否将学习当成自己在学校生活期间的中心。所以，我们需要引导学生明确自己的任务，我们需要做这个方面的工作。当然，现在还有一些有自己想法的学生，不以学习为中心，而是以玩为中心，这个问题就比较严重了。

教书育人是教师的天职，然而，这一天职并不是一成不变的，而是随着时代迁移不断被赋予新的内涵。教师要“教书”，这是无疑的。无法设想一个没有文化、没有知识的人怎会成为有用之材。尤其是在当今时代，一个缺乏科学知识的“科盲”更与“人才”二字无缘。因此，身为教师，应当以渊博、精湛的知识来教育培养学生，决不能敷衍塞责。

“育人”的内涵

“育人”，通常被理解为把人培养成有用之材。但不同时代对人才的要求是不一样的。从我国当前的实际出发，就是要培养有理想、有道德、有文化、有纪律的“四有”新人。这个目标明确而具体，既符合我国当前的实际，又体现了“全面发展”的根本目的。“教书育人”首先就是要使学生有正确的人生观、世界观，将来在社会主义建设中有无私奉献的精神，同时拥有诚实、勇敢、创新的品质。

只会教书，这是远远不够的。作为新时代的教师，不但要教好书，而且要做好“育人”工作。这是新时期培养人才的要求。祖国未来的建设者只有“智育”是不行的，要德、智、体、美、劳全面发展。所以，新时期的教师应该具有双重身份：一是讲解书本知识的“师”；二是教学生如何做人的“灵魂工程师”。但从目前学校实际情况来看，比较普遍的倾向是智育抓得比较扎实，德育管得比较疏松。由于一些教育行政部门过于注重抓成绩，一些学校片面追求升学率、高分率，削弱了思想道德的教育，这种错误导向会给教师造成一种错觉，教书能出成绩，育人出不了成绩，当教师的只要在教书上花功夫，多教出几个成绩好的学生，提高升学率，为学校争了光，就算尽职尽责了。这样的教师也许能教出几个高分的学生，但教师育人的职业道德全面权衡，不能算是好教师。要扭转这种错误导向需要教育行政部门、学校和教师共同提高认识，共同努力。

二、“育人”的几个方法

如何在千头万绪的“育人”工作中收到好的效果呢？我们在十几年的教育教学的实践中，端正教育观念，关爱学生，并从疏导悟理入手，收到了较好的效果。主要是有针对性地引导学生悟理，提高他们的思想素质。下面是在“育人”过程中具体的几点做法。

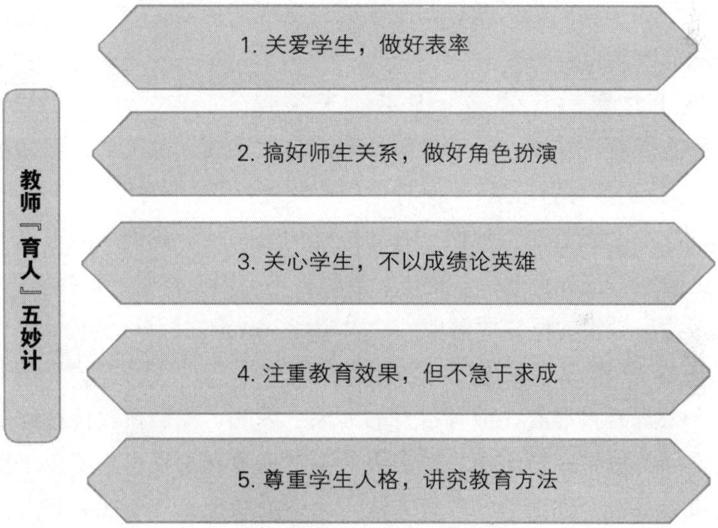

（一）关爱学生，做好表率

“没有爱就没有教育。”一个教师对教育事业的热爱，只有通过热爱学生，尽职尽责做好教书育人的工作才能表现出来。教师的世界观、人生观、价值观，有意无意或多或少的流露，都会在学生心灵中留下深刻的印象，给人以积极或消极的影响。教师的言行举止起着榜样和示范作用，对学生的影响更加直接，更加深刻。所以教师要加强自身修养，时刻做学生的表率。

（二）搞好师生关系，做好角色扮演

学校教育中最基本的人际关系是师生关系。在教书育人实践中，教师角色具有多重性和动态性，每一个教师都必须根据不同的时间、地点和对象灵活地扮演不同的角色。作为教师，有时要扮演“严父”的角色，敢于、善于严格要求学生，对学生的不良行为要敢管敢治；有时又要扮演“慈母”的角色，用博大的师爱来教育、感化学生；有时还要扮演学生“朋友”的角色……所有这些角色，都是为了一个目标——“育人”。

（三）关心学生，不以成绩论英雄

看学生的学习优劣，考试的分数是权衡之一，但不是唯一。因此，面对学生不要以成绩优劣来判别、评论、偏爱和歧视；同时要更新分数观念，在教育教学中一视同仁，做好调查，努力发现每个学生的特点，进行因人施教，从而收到良好的效果。

（四）注重教育效果，但不急于求成

我们在教育工作中，对学生既要顺其自然又要正确疏导，要做长期的深入调查，特别是对后进生，要允许他们有反复反悟，不要以“立竿见影”“恨铁不成钢”的心态去对待他们。有了这样的教育观，我们才能正确地看待学生，正确地看待教育效果。这样，教师就不会因工作受挫折而丧失信心，也不会因为后进生的反复而对他们冷眼相待，或推之门外了事。

（五）尊重学生人格，讲究教育方法

每个人都有自尊心，都有自身的形象。因此，我们在教育过程中要注重师生之间的思想感情沟通。对班级的不良现象和不良思想不急于批评，而是找机会采取个别谈心的教育方法，用情去感化人，用理去服人，用法去开导人。热爱学生、关心学生一定要同教书育人紧密结合，把师爱渗透、融入教书育人的实践中。

要教书，更要育人。教书与育人并不矛盾，应该有机结合在一起。多年来，很多一线的优秀教师在教书育人的过程中认真钻研，倾注心血，取得了显著的成绩，培养了一大批“四有”新人。

我们做教育教学工作的，需要重视教育，这些工作对我们系统教育思想的形成是有帮助的，对我们的教学工作也是很有帮助的。我们如果只是盯准教学工作，而不注意教育方面的工作，就容易走上“只教知识，不教做人”的道路。

5. 微笑有着无穷的教育魅力

有一种面部肌肉的轻微运动叫微笑，它展现了一种积极的心理状态，它是一种朴实的精神动力。微笑是关注，使人感觉到在你心中有地位；微笑是赞许，能给人以不夸张的肯定；微笑是友好，预示着我们之间没有任何心灵距离；微笑是激励，传递着我们可以共同努力的信息；微笑是关心，似乎在对人说“你好吗”；微笑是宽容，好像在对人说“没关系”。

微笑是微微地一颦，是轻轻地一笑。微微地一颦，使人顿觉放松，远离紧张，远离心虚；轻轻地一笑，使人倍感动力，走进悦纳，走进理喻。

微笑不是一种技术，而是一种心境。微笑不只是纤纤女子的含蓄，也是粗犷男人的细腻。善于微笑的女子惹人怜爱，善于微笑的男人招人喜爱。

微笑也是教师的一种积极的肢体语言。德国哲学家康德说过：“人是能够笑的动物。会笑，是人与动物的区别之一。微笑是人的积极肢体语言的集体体现。”

作为教师，你的微笑拥有着无穷的教育魅力。教师微笑着面对学生，能给学生一种宽松的师生交往的人际环境，能使学生感受到教师的理解、关心、宽容和激励。教师的微笑是腼腆学生的兴奋剂，使他们敢于去表达自己；教师的微笑是外向好动学生的镇静剂，使他们得到及时的提醒，意识到自己的言行需要控制。教学工作中教师的微笑能够活跃课堂氛围，活跃学生思维，活跃学生的情绪。在德育工作中，教师的微笑是对不良行为的理解和宽容，引起学生的自我反思和觉醒；是对良好行为的鼓励和赞许，激励学生不断努力和进取。教师的微笑和严厉同样重要，但二者相比，微笑更平和、温和，更可爱、可亲。严厉的教师令学生敬畏，微笑的教师令学生喜爱，善于在严厉中不时渗透会意微笑的教师，则令人敬爱。

教师微笑着面对同事和领导，有利于构建合作型的同事关系，有利于营造一种积极向上、追求卓越、团队学习的发展型组织。用微笑去赞美其他教师和领导，用微笑去化解误会和冲突，用微笑去谋求合作，用微笑交流思想和灵感，你会体验到教育带来的巨大幸福，你会减少许多焦虑、困惑和无助，获得许多理解、支持和帮助。

教师的微笑应该是善意的、会意的、发自内心的，而不应该是装出来的、无奈的、痛苦的。只有心中装着学生的教师才会有甜美的、会心的、善意的微笑。只有真正尊重学生的地位，尊重学生的人格，尊重学生的潜能，教师的微笑才会起到作用。

不苟言笑、一味严厉未必就是好老师。在如今的学校教育中，微笑成为一种极易忽略，甚至珍贵的教学资源。一笑泯恩仇，笑一笑十年少，笑比哭好。既然如此，我们何不对学生多一点儿微笑，对同事多一点儿微笑，对家长多一点儿微笑呢？笑一笑吧！让太阳冲破阴霾，让温暖取代酷寒。笑，是礼貌的表现。教师的一个微笑能够让自己赢得学生，能够让学生赢得整个世界！

6. 让爱成为人格教育的果实

爱是人类美好道德的核心，人之为人岂能无爱；爱也是体现教师人格魅力的关键。“爱的教育”就是拥有爱心的教师把学生从自然人培养成懂得爱、珍惜爱、有爱心、有责任感的人。教师以爱育爱，用真诚培育爱的幼苗，使孩子在被人爱中感受温暖、快乐，并由此学会爱别人，形成健康人格。

苏霍姆林斯基曾明确说过：“一个好教师意味着什么？首先意味着他是这样的人，他热爱孩子，感到跟孩子交往是一种乐趣。”

爱的教育，是教育力量的源泉，是教育成功的基础。爱是师德最本质的内涵，师爱是一种巨大的力量。夏丏尊先生曾说：“教育没有情感，没有爱，就如同池塘里没有水；教育没有情感，没有爱，也就没有教育。”

一、爱需要智慧和努力

爱是一门艺术，是一门需要知识和努力才能学会的艺术。如果一个教师性格是倾向创造性的，那么在工作中他是积极的、有活力的，因为创造性的性格包括创造性思维和爱。理性力量能把握事情的本质，爱能使人突破与他人隔绝开的屏障，两者缺一不可，理性表现思维的力量，爱则表现情感的力量。

二、爱需要千锤百炼

爱是一种能力，需要千锤百炼才能把握。许多教师都能用理性的态度来处理学生问题，不断创新教学方法，但在情感的力量上所散发的爱的魅力是微乎其微的，以至于不能形成一种爱的强大磁场，让学生被自觉地吸引在周围。一个有个性的教师才能培养出有个性的学生。虽然教师与学生的年龄有差异，但如果教师想学生所想，爱学生所爱，不断更新自我，充分展示自己的个性，想方设法获得更丰富的信息，学生就会崇拜他、尊敬他、跟随他，并想超越他。赢得了学生的心，就赢得了教育的契机。因此，苏霍姆林斯基说："教师对学生真正的爱是一种强烈的不可抑制的愿望，这是一种要把你认为是自己身上最好的东西献给学生的愿望。"教师用真实内心面对学生，以自己的行动展现自己的信念，让学生愿意亲近、愿意模仿，这是建立和谐师生关系的基础。教师对学生爱之深沉，教之诚恳，才能使学生"亲其师，信其道"，从而产生良好的教育效果。

三、爱需要理解与同情

冰心老人家曾有句话：爱在右，同情在左，走在生命路的两旁，随时撒种，随时开花。学生的幸福人生是被爱唤起的，应该让我们的学生在获得知识的同时，也保持丰富而优美的灵魂，让他们年轻的心灵感受到生活的快乐与美好。理解他们，也让他们学会理解；同情他们，也让他们学会同情，学会拥有悲悯的情怀，热爱生命，体验生命，同情生命，感受生命的苦难与无奈，为未来不可预知的可能的苦难作准备。在学生的心田种下爱与同情的种子，它会生根，发芽，长成一棵树，最后成为一片美丽的风景。一个充满爱心的教师，必定是一个善解人意的人，他重视自己的存在和需求，同时也知道学生需要什么，在学生需要帮助的时候，投去关怀的目光，伸出温暖的手。后进的学生和优秀的学生都需要爱。“亲其师，信其道”进而“乐其师”，爱生之师受人爱。只有付出爱，才能得到爱、培养爱。爱是一种心与心的交换，只有这样，爱的教育才能获得事半功倍的成功。爱可以创造奇迹，可以改变命运，爱是我们的职责，也是我们的力量！

四、爱意味着耐心与宽容

教师的爱，在某种意义上就是对学生的宽容，用一颗宽容的心去拥抱学生，给学生一个机会，就给了他们一片蓝天；给学生一个微笑，就给了他们一份自信！我们能容忍自己的错误或失误，那么，我们同样应该容忍自己的学生。真正的宽容，并不是毫无原则的一味退让，宽容的前提，是对那些可以宽容的人和事。宽容的核心是爱。他们是孩子，所以他们会犯错误；他们在成长，所以他们不完美；他们对未来一无所知，所以他们无所畏惧；他们有这样或那样的不足，所以他们需要我们的爱，在良好的心境中不断发展自我，创造自我，超越自我。教师要学会耐心，学会等待，等待学生慢慢学会，慢慢领悟；多一点儿信心，少一点儿失望；多一点儿积极，少一点儿消极；多一点儿耐心，少一点儿急躁。教师的耐心和宽容，表现在把学习的主动权交给学生，让学生在探索之中享受成功。教师是指导者和引路人，在他们眼中学生不是知识的容器而是等待点燃的火炬。他们相信学生的能力并想方设法锻炼和提高学生的能力；他们满怀喜悦地倾听学生的话语和心声，让学生的声音充实课堂，充实师生交往的所有空间；他们带着朋友般的亲切与体贴，去触摸学生情绪的温度，去感知学生的呼吸。能够这样，教育就已经成功了一半。

五、爱不能缺少信任与尊重

每一个生命个体都渴望被信任与尊重，每一个受教育者都渴望能和教育者平等交流和沟通。也许你的脸庞看起来并没有那么亲切，也许你的声音听起来也没有那么富有吸引力，但只要懂得尊重和信任学生，懂得如何正确地去爱学生，而不是一味地将“我这也是为学生好啊”之类的话语挂在嘴边，你就可能赢得学生的尊重和信任。

有时，我们无意间说了伤害学生的话，有时我们无意间对学生使用了冷眼，请记得要随时看到伤者，请记得及时真诚地道歉与安慰。只要你相信每一个孩子，你就能独具慧眼，发现每个孩子身上的潜能；只要你心中有爱，你就会看到每个孩子都是一朵含苞欲放的花朵，你就会相信，即使是一棵微不足道的小草，有一天也会开出像海洋一样湛蓝的花！

情是雨露，爱是阳光。春风走过的地方，花儿次第开放，让爱成为教育的果实！

7. 让教育思想丰富起来

教师是学生成长的瞭望者，瞭望者都没有了思想，学生岂不迷失了成长的方向？那么，教师如何才能让自己的思想更富有呢？

> 想要学生成为站直了的人，教师就不能跪着教书。如果教师都没有独立思考的精神，那么他的学生会是什么样的人？
>
> ——吴非《不跪着教书》

一、教师的思想从反思中来

教师的教育理念、教学思想是从哪里来的？是从他们鲜活的教育生活中来，从教育实践中来，从教育反思与研究中来，从教育良知与教育责任中来，从教育梦想与教育追求中来！因此，教师应将教育反思视做一种工作习惯。教学前，反思能使教学成为一种自学的实践；教学中，反思能使教学高质高效地进行；教学后，反思能使教学经验理论化。凡是从事过几年教学实践，在教学中有所建树、有所成就的教师，无一不是对自己的教学实践善于和勤于反思的人。有些学校明确规定或要求教师必须进行教学反思，且在备课本上划定了这一栏目，这对教师的成长、教学经验的积累、改进课堂教学、提高教学质量确有很大好处，可以说，这是一种行之有效的方法和措施，值得提倡。

二、教师的思想从合作中来

教师要培养合作、探究的共享意识，积极参加各种合作学习交流的实践活动：一是研讨型的学习场；二是沙龙型的学习场；三是实习型的学习场；四是展示型的学习场。由此把自己的成功教育教学经验及成果主动分享给别人，也积极学习和吸收别人的教育思想。

> 倘若你有一个苹果，我也有一个苹果，而我们彼此交换苹果，那么，你和我仍然是各有一个苹果。但是，倘若你有一种思想，我也有一种思想，而我们彼此交流这些思想，那么，我们每人将各有两种思想。
>
> ——萧伯纳

集体备课就是一种最基本的合作方式。每个教研组或年级备课组，在每周拿出一定的时间进行集体备课，包括疏通教材、制订单元教学计划、课时教学计划(即教案)和学案，研究教学方法，选择练习题和测试题等。这种合作的结果是，由教师个体的经验上升到集体的智慧，既丰富了个人思想，又增强了集体意识，更重要的是提高了教学效果。

三、教师的思想从批判中来

一个真正的思想者，应该做到不唯书、不唯师、不唯上，敢于发问、敢于怀疑、敢于批判。因此我们教师一要在实践中不断地质疑，大胆地去批评所有现成的东西，做到事事、时时、处处带着疑问去学习、工作；二要不断地在批判中更新自己的思维体系和思维习惯。新课程理念下，教师是真理、知识和专业技能的化身，教师面临的重担不仅仅是教育学生掌握科学文化知识，更重要的是要使自己在不断的批判中创新知识，让知识紧跟时代前进的步伐。特别是那些年纪大的老教师，在应试教育背景下，可能是抓升学率(教学)的好手或高手，在实施素质教育的今天，过去的一些手段和知识，已经不适应新时代的要求了，如果继续沿袭过去的“经验”，往往事与愿违。因此，作为教师，必须与时俱进，敢于“扬弃”，既要继承那些合理的内核，又要不断摒弃那些不合理的东西，即敢于创新，做理论改革的先行者和实践者。

四、教师的思想从阅读中来

实事调查

《中国教育报》2001 年 4~7 月推出的《全国城市中小学阅读状况分析报告》指出，教师阅读有“三短”，一是结构不合理，教参成为教师阅读的主要书籍；二是阅读面窄，视野不开阔；三是品位不够高，缺乏深广的人文内涵，文化品位、精神品位、人格品位等有待提高。该报告指出：“没有人文内涵的字样，没有广泛的兴趣，没有阅读时的全身心的投入，哪来的学问的大气？难怪有专家惊叹，在现在的教育体制下恐怕再难培养出大师级的教师了！”

“腹有诗书气自华。”优秀教师的成功之路都是由书籍建造起来的。读史使人明智，读诗使人聪慧，读哲理使人深刻。博览群书，如站在思想巨人的肩头，能洞察万物。一个教师不在于他教了多少年书，而在于他用心教了多少年书。不重复自己、不断探索、不断创新，这样的教师不会停止对生活的撞击，即使他成不了一位教育家，他也会拥有诗意的教育生活。

我们做老师：一要读教育经典；二要读教育报刊；三要读人文书籍；四要读边缘学科；五要读历史地理。读书，会在无形中提升你的品位，强化你的人格魅力，从而在教学中影响你的学生。当代教育家李希贵给自己定了一条规定，那就是无论有多忙，每天都必须保证一小时的读书时间，除非有特殊情况无法安排时间，即使因工作实在无法安排，也一定要在下一天补上。作为教师，要提升自己的思想和品位，就应该养成读书的习惯，让读书学习成为一种人生的嗜好和乐趣。

五、教师的思想从研究中来

教师专业成长是个体教育思想、知识结构和教育能力等专业不断发展的历程，是教师在不断的学习与研究过程中拓展内涵、增长专业能力、提高专业水平的过程。我们教师工作在教育第一线，有机会接触到大量的教育案例和教育经验，这无疑是一笔无形的巨大财富。课堂是教师施展才能快速成才的生命绿洲，课堂研讨活动是教师成长的主阵地。

要成为一名优秀的教师，就必须积极主动地参与学校组织的听课和“说讲评”活动，承担示范课、公开课教学；同时利用一切机会，积极与专家对话，与名师交流；并随时随地与学校同事就工作中的热点、难点问题进行探讨研究。在相互对话中形成理念，在相互交流中形成策略，在相互碰撞中形成智慧。

六、教师的思想从创造中来

《创造宣言》

教师的成功是创造出值得自己崇拜的学生。

——陶行知

教师应是“开拓者”，要有“创新之心”。新课改下的一位好教师，应时时以自己的创新意识、思维以及能力去感染、带动学生创新力的形成和发展，在教学中能自觉地将知识传授与创新思维相结合，发现学生的创新潜能，捕捉学生创造思维的闪光点，多层次、多角度地培养学生的创新精神和创新能力。

总之，教师只有在不断的学习、实践、反思、研究、创造中体验和感悟教育教学的真谛和魅力，才能不断提升自己的品位，形成自己的教育思想。

8. 学校教育和家庭教育要结合起来

有的家长将学生送到学校，就把希望全部寄托在学校老师身上。很多教师对这样的情况有所抱怨。实际上，我们是没有别的选择的。既然学生已经到了你的学校、你的班级、你的面前，你就无法放弃他。

有的学生，往往正是家长所描述的那样：不听家长的话，在家里管教不住，所以希望老师们将学生教好。作为教师，如果你马上就说，我们只是管学生的学习成绩，别的什么也不管，这是不负责任的表现，不是一个合格的教师应该说的话。面对这样的情况，一个好的教师应该怎么办呢？

需要将学校班级教育教学和家庭教育结合起来，尤其要注重学生听老师的话与听家长的话的关系。

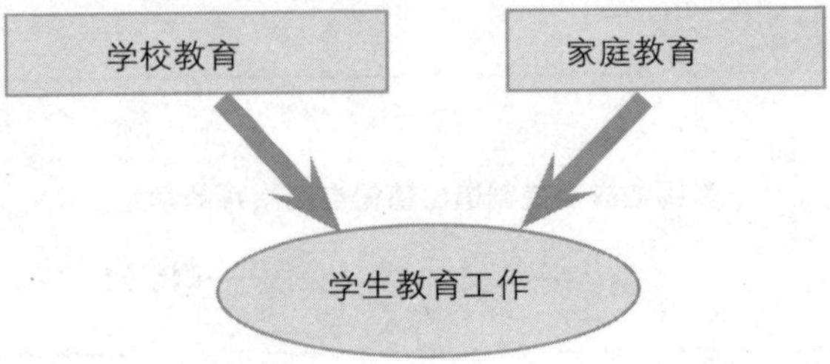

学生是能够听进去一些话的，无论是老师的，还是家长的。主要的问题集中在：究竟是什么样子的话，这些学生才愿意听？或者说究竟要怎样说，才能够有益于学生的成长进步？

如果一说不听家长的话，就完全放弃家庭教育，这是不对的。如果一说不听老师的话，就马上放弃对这个学生的学校班级教育，这也不对的。

在当前素质教育深入推进的新形势下，随着时代的发展变化，社会上出现了经济状况不同、社会地位不一样、教育文化背景差距较大的各种类型的家庭，导致一些家长对素质教育的认识和理解参差不齐，甚至差距较大，给学校素质教育的深入推进增加了难度。班主任是沟通家庭教育与学校教育的桥梁，只有充分发挥教师在教育家长、指导家长、增强家长素质教育意识的作用，才能不断提高家庭教育工作成效，使学校和家庭一起共同唱好校内外“一台戏”。

教育播报

在我以前所教的学生中有一个极其特殊的学生，他天资聪颖，活泼好动，父母对其寄予了厚望。他从三四岁就开始练习书法，到上学时已练得一手好书法，参加过各类书法比赛，得到了许多荣誉证书，父母引以为傲。进入学校后，原以为他会将聪颖的天分发挥在学习上。可是在班级中，虽然他聪明伶俐，上课却十分好动，不能约束自己，随意说话，做小动作，更影响到其他同学上课。他课间精力旺盛，欺负小同学，行为习惯和学习习惯都存在一定问题。

究其原因，是父母从小到大都忽略了对他的习惯的培养。以为只要聪明，只要写一手好书法就是一个很棒的孩子。在生活中，纵容他只想到自己，助长了他的自私心理，使他不仅在思想上唯我独尊，在行为上也毫无规矩，以至于入学之后因为糟糕的行为习惯而影响到了学习、生活，甚至于做人。这样的后果是家长始料未及的。由此也说明了家庭教育的重要性。

教师应该充分发挥沟通学校教育与家庭教育中的桥梁纽带作用，全面推进素质教育。要做好这一工作须针对不同类型的家长进行分类指导，帮助对“症”下药，才能取得良好的效果。

一、对重视子女、负责任的家长重在正确引导

现在大部分学生是独生子女，家长都望子成龙、盼女成凤，因此比较重视学校教育，一般都能够与教师建立良好的关系，能积极、主动地配合老师，这类家长占大多数。

“负责任家长”存在的问题

这一类型的家长往往由于过分希望子女将来能出人头地，只看重成绩，不注重品德和行为习惯，认为学生在学校就是读书，忽视思想教育，两眼只盯着孩子的考试分数，把升重点高中看成子女的唯一目标，不注重孩子其他素质的全面提高，而这样做的结果往往是期望越大，失望越大。

针对此类家长，教师平时要注意不能只以分数来评价学生，并注重多与家长沟通，多交流观点和看法，引导他们改变他们对教育的片面认

识，打消他们的顾虑，让他们能多和子女沟通，多发现孩子的闪光点，多给孩子一些肯定，同时注意减轻孩子的学习压力，培养孩子的动手能力和抗挫能力，并适当让孩子多娱乐，开阔视野，培养良好的心理素质。这样，就能使孩子们学习时心情舒畅，信心倍增，为素质教育奠定好思想基础。

二、对留守家庭的家长重在教育和指导

有的家长由于长年在外经商忙生意，无暇照顾孩子，更谈不上与孩子沟通交流了，孩子留守在家由一位亲戚或朋友照看，这样的家庭成为留守家庭。

“留守家庭”家长的特点

这一类家长中，大部分文化不高，靠多年打拼经商致富，由于文化水平的限制，他们对自己的子女学习要求不高，认为子女能否考上重点中学、大学并不重要，将来照样可以和自己一们赚大钱。

这种留守家庭子女的教育存在很大缺陷，一些问题学生就出自其中。对这部分学生，教师要主动与家长取得电话联系，并随时交换意见。教师将孩子在校、在家的表现如实、及时地反馈给家长，以引起家长高度重视。同时教育家长使其明白父母的关爱是无法替代的，教育子女是父母的天职。一个孩子是一家人的希望，甚至每个家长都希望子女能顺利成才，但我们留给孩子的不应只是物质财富，更多的应是精神财富与创造财富的知识技能，这些才是孩子将来受用终生的本领。

三、对单亲家庭的家长重在加强沟通

随着社会变革加快，单亲家庭呈逐步增多的趋势。有的班级中甚至高达 30%的比例，家庭破裂的痛苦和生活负担的沉重，常常使父母无暇顾及孩子的学习和教育。

单亲家庭孩子的特点

家庭环境的影响往往使单亲家庭的孩子得不到家庭的温暖，形成内向寡言、孤僻、偏激的性格，并且自卑、消沉、逆反心理比较严重。家长和老师的管教常使他们心烦。长此以往，孩子与老师和家长之间就产生了对立情绪，进而有了冲突和摩擦。而这些孩子恰恰更需要关心、爱护和理解。

针对单亲家庭的情况，教师需要把握好时机，主动上门家访，以真情感动家长，与家长、学生开展朋友式的谈话，疏通家长的思想，使他们对孩子的成长充满信心。这样，既可以摸清家长、孩子的生活和思想状况，了解孩子家庭环境中存在的一些困难和问题，又可以缩短老师与学生及其家长之间的心理距离，使家长和学生真切体会到学校和老师的关心和爱护。在此基础上，老师再与家长一起进行商讨，有针对性地提出并制订转化学生的计划和方案，并在实施方案过程中随时注意与家长保持联系，及时交换意见，达成共识，加强对孩子的管理。

四、对受挫、贫困的家长重在鼓励和帮助

下岗、破产或意外事故，使许多家庭的生活平静被打破，并给家庭生活带来压力。家长对孩子随意发牢骚，把怨气撒在孩子身上的现象较为普遍。有的家长认为自己管不了孩子，把孩子交给学校就完事了。由于再就业困难，一些家长意志消沉，整天泡在麻将馆，有的在家里打牌消磨时光，

这样的环境使他们的孩子在学校里往往无精打采，情绪低落，成绩难以提高。对此，老师可以通过家访的方式和家长沟通，让家长改造家庭教育的环境，自觉为孩子树立良好榜样，帮助孩子树立积极的人生观。

对贫困学生提供力所能及的帮助，例如，申请助学金，学校适当减免部分费用。同时利用这些机会及时对学生及家长本人进行教育，使他们体会到学校和老师对其的关爱，从而激发他们正视生活困难，使学生努力学习，积极向上。

五、对溺爱子女的家长重在以理服人

由于缺少重教的家庭传统，一些家长对素质教育一窍不通，对子女要求不严，甚至溺爱、袒护、庇护孩子，使学生养成任性、无所谓、不服从的性格，难以适应学校的正常管理，给学校教育带来很大难度。

如何应对溺爱孩子的家长？

对此类家长，要把握好时机，对学生所犯错误抓住真凭实据，让家长心服口服地配合教师做学生的思想教育工作。同时，批评学生时，尽量平静自己的心情，也照顾家长的尊严，既解决实际问题，也使家长满意。由于此类学生行为习惯较差，极易反复，所以要做好打“持久战”的准备，做到先打“预防针”，常敲“警钟”，一旦发现错误及时、坚决地纠正，并常抓不懈。

总之，教师工作本身是一项复杂而细致的工作，需要用心去做。在素质教育的形势下，教师要更善于用技艺去处理好家庭教育与学校教育这一至关重要的关系，这样才能相互协调，相互支持，形成合力，增强教育的效果，推进素质教育的深入发展。

2

TIGAO ZISHEN JIBEN SUZHI

提高自身基本素质

9. 塑造完美的人格魅力

所谓人格，就是一个人在自然环境和社会环境中逐渐形成的精神状态，是一个人品质、意志、个性、气质和行为方式的集中体现。优秀的人格会得到他人的称赞，于是就产生了人格魅力。

教师的人格则是教师本人在长期的教育事业中逐渐形成的独特的、鲜明的人格。教师的人格是其思想、道德、举止、气质、风度及能力等众多因素的综合。教师的人格赋予了教师鲜明的本我色彩，具备了崇高人格魅力的教师，也就具备了将学生精力聚拢于课堂的亲和力，具备了激发学生积极动脑、动手的号召力以及以灵魂唤醒灵魂的感染力。

一、教师人格魅力的作用和意义

教师承载着传道、授业、解惑的教书育人的重任，教师的一言一行影响着学生的成长、成人、成才。教师的言教重要，身教更重要，《论语·子路》中说：“其身正，不令而行；其身不正，虽令不从。”教师修炼自身素养、完善自身人格至关重要。教师的人格力量是实施素质教育的重要保证。教师如果能在教育教学中充分展示人格魅力，充分发挥人格效应，真正在人格上赢得学生的心，学生就会自然生成对教师的仰慕之情，心甘情愿地接受教师的教育。具体地说，教师的人格魅力具有以下几个方面的作用：

（一）对学生发展的激励作用

教师最重要的任务之一就是不要让任何一颗心灵里的火药未被点燃。

——苏霍姆林斯基

教师的人格魅力本身就是激励学生的一种手段、一种动力，它能有效地利用学生的心理倾向，激发学生身上潜在的积极因素，使其朝着教师期望的目标前进。教师的崇高理想和敬业精神作用于客体学生，通过学生的内化吸收，可以转变为一种洋溢在胸中的内驱激情，就能使学生常保学习所必备的内部动力，从而形成心灵渴求与外在行为的统一。教师的人格好比一本好书或一部好的电影，其潜在的人格力量可以影响一个集体或某个人的一生。

（二）对学生情感优化的陶冶作用

教师个人的榜样，对于青年人的心灵是一种非常有益的阳光。

——乌申斯基

教育是师生心灵沟通、情感交流的过程。品德养成于教育过程中，学生的心理对教师的人格魅力所引发的感染力有一种不自主的屈从作用。尤其是教师超越了狭隘功利的无私关爱，更能使学生产生积极的情感体验，获得一种澄澈明净的美好心境。在学生成长过程中，教师是继父母之后的第二影响源，学生会自然地将与父母交往中产生的情感期待和爱的要求转移到教师身上。伴随着师生交往的增多，教师的人格通过特定的情境展现，可以引发学生的心灵感应，进而引起心理感动，从而达到心与心的交融，确立其关爱他人、尊重他人的情感态度。

（三）对学生道德升华的示范作用

青少年学生处于成长时期，可塑性大，模仿力强。这一时期，他们需要确立自己的生活坐标。由于教师和学生接触最多且形象具体，其人格魅力能为学生提供行为规范的物化模式，因此最容易成为学生效仿的典范。

教师那种光明磊落的胸襟、突破功利羁绊的道德品质，无疑对作为道德主体的学生具有显著的示范作用，其道德行为和渗透其中的道德观念对学生构成了生动的道德主导因素，使学生能够自觉地按照教师所显现的具体可感的道德规范来校正自己的道德观念，进而规范自己的行为。在这一活动中，教师的人格是学生行为的具体参照物，这个参照物要求学生对照教师的言行举止进行反思，从而把教师的人格力量内化为自己的行为品质。汲取了教师的人格力量，学生就会不断充实、完善自己，追随着教师的思想行为轨迹，不断提升自己的道德水准。

（四）对强化学生意志的促进作用

学生在认知世界的同时，也在认知教师。教师在激发学生潜能、倾心将其培养成才的教育过程中表现出的昂扬的精神面貌、良好的心理素质，必然会拨动学生的心灵之弦，激荡其血肉之躯中的浩然正气。这种意志内化为学生谋求自立和自觉发展不可摧折的意志，从而在他们自己的人生和事业进程中形成为达到既定的奋斗目标永不气馁、锲而不舍的意志穿透力。一旦教师的意志力成为学生生命中根深蒂固的品质，形成人格的主导力量，学生就能不断战胜自己思想中的不足和限制，最终超越自己，做到努力进取、宠辱不惊。

> 要提高别人，自己必须是崇高的。
>
> ——尼采

作为教师，有丰富的知识、娴熟的教学技巧固然重要，但更重要的是教师所拥有的人格魅力。道德要靠道德来影响，人格要靠人格来培养，在教育形势不断发展的今天，广大教师要不断审视自己，凸显自己的人格魅力。因为教师身上体现出来的精神、折射出来的优秀品质，是任何教科书、任何箴言、任何奖惩制度都不能代替的教育力量。

总之，教师人格魅力能产生强烈的吸引力、感召力和感染力，它对学生的发展具有重大的意义，甚至会影响学生的一生。在教育中，教师人格魅力之光照耀着学生成长的每一个阶段。

二、教师人格魅力的基本特征

教师人格魅力的基本特征主要有以下五点：

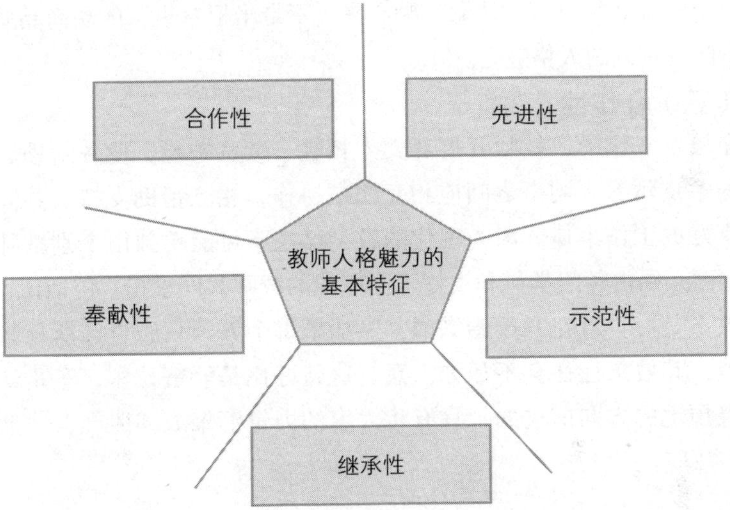

（一）先进性

教师是人类“灵魂的工程师”，因此，对教师的人格要求应当比其他职业更高。教师教育学生，不仅通过言教，还要通过身教。教师不仅要用丰富的学识教人，更要用自己的品格教人，即用自己的良好道德行为去影响、启迪和感化学生的心灵。

（二）示范性

“师者，人之模范。”教师的劳动对象是可塑性大、身心尚未成熟的儿童和青少年。教师的言谈举止、待人处世，乃至气质、性格等，都会对学生起着熏陶、感染和潜移默化的作用。

（三）继承性

教师的人格魅力并非一蹴而就，而是中华民族优秀传统美德长期积淀、继承、发展的结果。从孔子的“学而不厌，诲人不倦”，到今天的“春蚕”“红烛”“园丁”“人梯”精神，两千多年来，教师的人格魅力已成为我们民族高贵的道德伦理财富。

（四）奉献性

教师的工作是“树人”工程，虽功在千秋，却难以取得立竿见影的效果。这就要求教师必须具有“捧着一颗心来，不带半根草去”的高尚品质和以无私奉献为基础的人格魅力。

（五）合作性

在教育工作中，教师要摒弃文人相轻、嫉贤妒能、业务封锁、各自为政的不良陋习。同事之间应相互团结协作，相互帮助支持，共同创造一个良好的工作集体。因为现代的教学已经不可能单独由个别教师来完成了，而必须由各门学科和发挥不同职能的教师共同承担。俗话说：“一枝独放不是春，百花齐放春满园。”如果每个教师只顾自己所任教科目的发展，其效果往往会不尽如人意。这就好比是螃蟹拉车，车是绝对不会朝着预定的方向前进的，只有将大家的力量汇聚成一股绳，才能产生良好的效应。

三、教师人格魅力修炼的有效策略

教师的人格魅力，能给学生带来足够享用一生的“热量”，能给教育一个更加深刻的内涵。教师的人格魅力具有强大的感召力和凝聚力，可以给学生撼人心魄的冲击和辐射，甚至影响学生的一生。社会在发展，人们的观念也在迅速地发生着变化，学生对教师的要求也发生了很大的变化，目前对广大教师而言，最重要的问题是：如何修炼自身的人格魅力？修炼教师的人格魅力应从以下几个主要的方面入手。

（一）为人师的道德魅力

教师的人格对学生有着最具体、最直接、最深刻的影响。“学高为师，身正为范”是对教师职业道德完整而具体的诠释。

> 在教育中一切都应以教育者的人格为基础，因为只有人格才能影响人格，只有人格才能形成性格。
>
> ——乌申斯基

首先，教师应对教育事业充满热爱之情。教师必须对教育事业充满高度的责任感，对工作一丝不苟、精益求精，爱岗敬业，乐于奉献，给学生以影响和感染，帮助学生增添学习的动力。其次，教师良好的职业道德对学生思想品德的形成起着催化作用。一个优秀的教师不仅品质高尚，而且有着良好的职业道德。“经师易得，人师难求。”每一位人民教师都应加强自身修养，不断学习，提高自己的思想认识和道德觉悟，平时严格要求自己，以为人师表的人格力量对学生良好思想道德的形成起到有力的促进作用。

（二）举止优雅的品格魅力

教师高雅、文明的言谈举止会对学生思想品质的形成起着修正作用。教师的一言一行都是教师内在素养的外在体现，都会带给学生潜移默化的影响，而学生也正是通过这一点来了解教师的思想的，正所谓“桃李不言，下自成蹊”。教师要注重修养，注意言行，处处给学生做出表率，其一颦一笑、一举手一投足都会产生意想不到的教育作用。言教辅以身教，身教重于言教，学生受到好的影响，其不良的行为和习惯就能受到约束，并得到改正。

（三）追求完美的思想魅力

对教师人格的评价中，开拓创新的品格是非常重要的一面。只有真正发自内心的爱，表里如一、言行统一的品德，才能在学生身上产生潜移默化的效果，使他们受到教育的感染和熏陶，引起他们的共鸣和仿效。因此，教师要在不断的自我认识、自我批评、自我校正、自我监督中完善其人格形象，最终利用自身的人格力量、才能、学识、情感以及各种创造性的活动，使自己所扮演的角色转化为宏观的、更具人性化的权威形象，使学生亲闻其声，亲见其形，愿意接受其教诲，从而达到感染人、培养人、塑造人的目的。

10. 培养高尚的师德

历代的教育家都十分重视教师的道德修养，孔子说：“不能正其身，如正人何？”陶行知先生说：“要人敬己，必先自敬，重师首先师自重。”教师职业的特殊性，使得历代社会对教师都有较高的要求。

新时期是社会主义现代化建设的重要时期，有更高的目标和更艰巨的任务。要实现中华民族的伟大复兴，教育是关键；教育的发展，教师是关键。党和国家高度重视教育，社会对教育和教师提出更高的要求，具有时代发展的必然性。在这种历史条件下，教师要正视自己的职业，从国家发展、民族振兴的高度去理解教师所承担的历史责任。

一、教师道德的功能

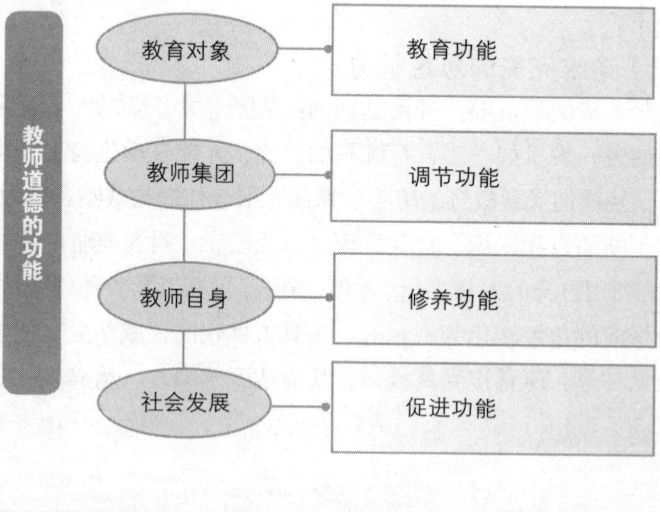

（一）对教育对象，教师职业道德有教育功能

教师劳动的特点是教育主体与教育手段的同一性——教师既是教育主体又是教育手段，教师一举手一投足都会影响学生的成长。教师道德对教育对象的影响主要有两点：一是教师道德影响学生的道德人格。具有良好师德的教师所表现出来的敬业精神和生活热情会感染学生，有利于学生形成对学习和生活的积极态度。反之，则不利于学生积极的人生态度的形成。二是教师对学生的热爱、期望等会帮助学生形成较好的心理氛围，有利于学生良好的学习动机的形成和心智的成长。心理学中非常著名的皮格马利翁效应就是一个很好的例证。

（二）对教师集团，教师职业道德有调节功能

教师作为一个职业集团的一分子，必须处理好集团内部的同事关系，也必须正确处理好职业集团与社会的关系。良好的教师道德会促进一定的心理和舆论氛围的形成。同时道德也会在每一个教师的心中以职业良心和信念的形式形成一种自我监督的机制。一外一内的双重道德约束有利于教师处理好各种利益关系。

（三）对教师自身，教师职业道德有修养功能

教师的职业道德与教师对教育活动的意义的理解密切相关。教师道德能够通过评价、激励和追求理想人格等方式，在造成良好的社会舆论和社会风尚的同时，培育主体自身的道德意识、行为和品质，从而提高教师的精神境界和道德水平，使教师成为道德纯洁、理想高尚的人，进而对学生产生积极影响。

（四）对社会发展，教师职业道德有促进功能

教师道德对社会发展的影响也很大。首先，教师的劳动也是社会生产的组成部分，教师通过对教育对象的塑造参与了物质文明的建设。教育对象最终会成为生产力的关键要素，教师能否以德育德，对这一生产力的关键要素影响深远。其次，教师的职业道德影响精神文明建设。实际上师德是社会道德的重要组成部分，除了它本身的高低是直接构成社会道德水平高低的一部分之外，它还可以以身示范，成为“社会的良心”，带动社会道德水平提升。教师的道德建设是社会精神文明建设的重要组成部分。最后，教师的工作实际上是社会生活重构的基础工程。教师通过自身及自己的“产品”直接或间接地参与良好的人际关系和社会生活的重建。

中国有一句令人深思的口号，就是“振兴民族的希望在教育，振兴教育的希望在教师”。实际上我们不妨进一步理解这个口号的意思：“提高教师素养的希望在师德的养成。”

二、教师道德的特点

教师道德的特点主要表现在以下三个方面：

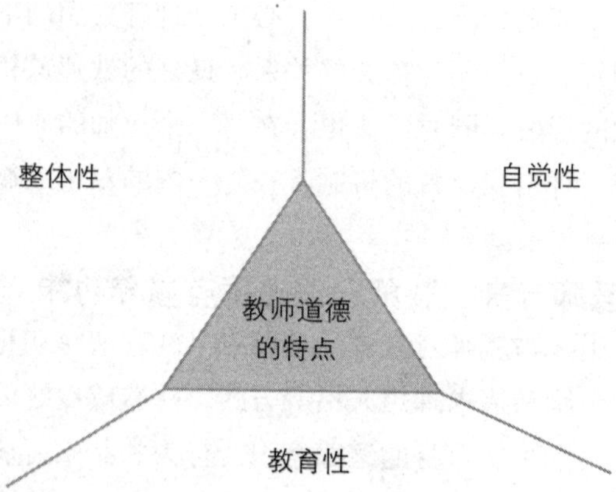

（一）教育性

首先，教师道德直接构成和影响教育内容。教师道德在内容上具有教育性。比如：教师的价值观既影响显性的也影响隐性的教育内容。除了在显性教育方面教师会自动根据自己的价值观理解、处理每一节课的教学内容，凸显一些教育内容，而相对忽略另一些内容之外，在隐性课程方面，教师的敬业精神、教师对课程以外许多问题的看法的不自觉的流露也都会对学生产生不同程度的影响。受职业道德影响的教学方式，如师生间的互动方式，也是教师价值观的体现，也会作为课程影响教育对象。

其次，师德的教育性与示范性联系在一起，教师的人格特征影响教育内容。教师的人格特征是影响教育内容的重要因素，甚至可以说教师的人格特征本身就是教育内容。教师的人格特征对教育内容的影响可以从两个方面去理解。一方面，教师的道德人格会成为榜样学习的对象。美国心理学家班杜拉等人认为，儿童的行为方式常常是模仿其所相信和崇拜的榜样人物而逐步形成的。不管教师愿不愿意，有无知觉，教师都有成为这种“榜样”的最大可能性。中国自古就有的“以身立教”的理论，也是同样的道理。另一方面，教师的人格特征也影响他对教育内容的加工处理。一个有诗人气质的教师的教学会充满热情，富于想象；一位逻辑性较强的教师会以冷静思辨的睿智见长。情绪好的教师容易宽以待人，诲人不倦；心情欠佳者则容易苛求学生，草率行事。尽管气质、情绪等人格特征主要是心理范畴，但是职业道德对于这些人格特征的改善和调整仍然是有非常大的导引作用的。

（二）自觉性

学校教育活动是一种具有高度自觉性的活动。教育工作的特点是教育主体和手段的合一性。现代教育制度中的教师职前培养和继续教育制度的存在使得教育工作者一般都经过专门的职业训练。因此，他们不仅在教育工作的技能上具有十分明显的专业性和自觉性，而且在道德上也具有高度的自觉性。教师对于主体和手段的合一性的工作特点有清醒的了解，这实际上是教师形成使命感的源泉。教师应当是积极调整教育劳动中人际关系的主导力量。反之，一些缺乏师德自觉的教师实际上是失去了教师本质的“教师”，他们在人际关系中永远处于被动、低效或无效的境地。所以从道德主体的角度看，教师道德具有明显的自觉性。

（三）整体性

教育劳动的特殊性之一就是影响的整体性。因此，从教师道德的影响性质这一角度来看，教师道德具有一定的整体性。这一整体性主要有三个方面。一是指每一位教师对学生的影响是整体的；二是指教师对学生的影响具有集体性（面对的是学生集体）；三是指教育工作需要教师集体的通力合作才能完成。教师道德的影响与他的业务素质、人格特征等联系在一起。比如：主观上希望对学生公正的教师可能因为其教育方式上的失误而适得其反。又比如：一个心怀仁爱的教师也可能因为其性格上的内向而给学生以冷漠的印象。所以师德的修养如同师德的影响一样都是整体性的。通俗地说，教师实际上必须尽量做一个“完人”。另外，现代教师的劳动具有非常强的集体性。单个教师的影响只有形成合力时，才能更有效地作用于学生。换言之，作为教育劳动成果的学生实际上是一种集体性劳作的成果。因此，师德中的重要内涵就必然有教师之间的协调与配合。

三、培养高尚的教师道德

德高为师。教师的工作是神圣的，也是艰苦的，教书育人需要教师感情、时间、精力乃至全部心血的付出，这种付出是要以强烈的使命感为基础的。

> 师者，人之模范也。
>
> ——扬雄

身正为范。教师不仅是知识的传授者，还是思想教育者和道德示范者。教师不仅要以做人的威望、人格的力量，令学生敬佩，还要以最佳的思想境界、精神状态和行为表现，积极地影响和教育学生，使他们健康成长。

正如奥地利教育哲学家马丁·布贝尔所说：“教师只能以他的整个人，以他的全部自发性才足以对学生的整个人起真实的影响。”教师应把言传和身教完美结合起来，以身作则，行为示范；热爱学生，关心学生，建立平等的师生关系；仪表端庄、举止文雅，以自己的言行和人格魅力来影响学生。

（一）以身作则，为人师表

古代早有“师表”提法，孔子被称为“万世师表”，“师表”指教师应当成为学生效法的表率。孔子最早倡导以身作则，他说：“其身正，不令而行；其身不正，虽令不从。”孔子从事教育的一生，也是“以身立教”的一生。他倡导教师要有良好的举止、语言的修养，也很重视教育有道，受到学生的爱戴。在学生的心目中，教师的言行往往就是道德的标准。一个好的教师，在学生眼中就是智慧的象征、人格的象征。可以说，教师的思想、行为、作风和品质，每时每刻都在感染、熏陶和影响学生。有人说，教师的一言一行，都起着耳濡目染的作用，学生的眼睛是“录像机”，耳朵是“录音机”，脑子是“电子计算机”，教师的举止影响太大了。率先垂范是为人师表的重要表现，“身教重于言教”，教师应表里如一，言传身教，要求学生做到的，自己首先做到；不让学生做的，自己首先不做，总之要身体力行。

（二）热爱学生，诲人不倦

这是师德规范。教师要爱学生，这是社会责任，教师对学生的热爱，是对祖国、人民、社会主义事业的爱的具体体现，责任感和良心要贯穿整个教育过程的始终。当学生感受到教师的爱时，才能有效地调动其学习的主动性和积极性。

热爱学生并不是对学生的溺爱、迁就和放纵，而是要从各方面严格要求学生，俗话说“严师出高徒”“教不严，师之惰”。但严格并不等于惩罚，教师绝不能使用体罚，要严慈相济，严中有爱，严中有度，严中有方，要使学生对自己敬而爱之，而不是敬而远之。诲人不倦，即对学生要特别有耐心，希望学生“青出于蓝而胜于蓝”，坚持正面教育，正面引导、灌输。在任何情况下，都要尊重学生的人格，不要伤害他们的自尊心和自信心。另外，对学生要不分彼此、不分厚薄，不另眼看待，一碗水端平。孔子说过“有教无类”，即对学生一视同仁，不分高低贵贱，远近亲疏，尤其对后进生，更应当加倍爱护和关心。

（三）善于养德

教师是让人敬佩的职业，教师应有自己的人格魅力。教师的人格魅力主要表现在仪表、仪容、教学语言和风格、生活情趣、师生感情等方面。一个教师要善于养德，这是锻炼师德的基础，教师要培养以下“六德”：

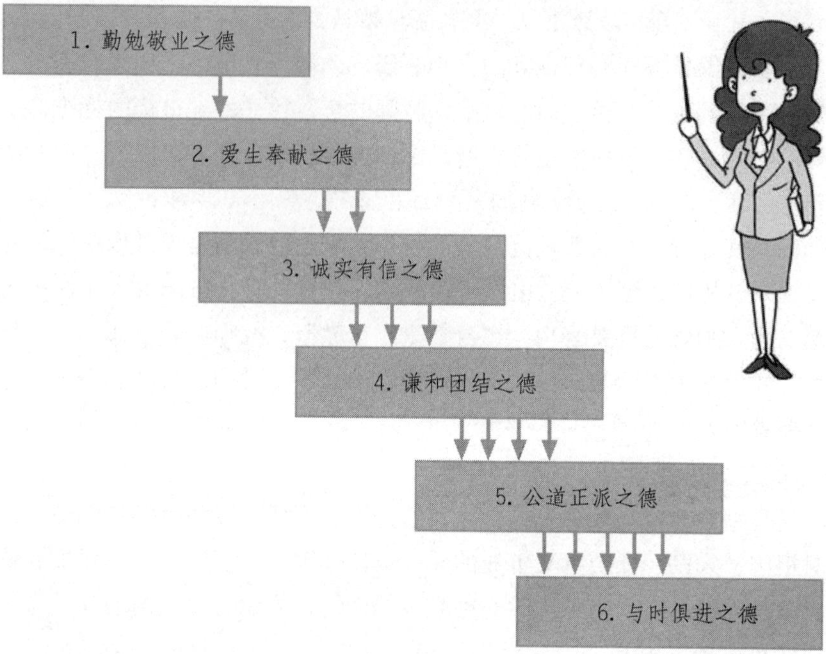

1．勤勉敬业之德

职业道德的核心是勤勉敬业。每一个教师都要热爱教育事业，勤勤恳恳、兢兢业业做好本职工作，爱岗敬业，教书育人，为人师表。教学水平的高低有“才能”的因素，但有没有勤奋刻苦的精神，则是师德问题。教师的工作精神状态很重要，“勤”“绩”是其具体表现。

2．爱生奉献之德

要有爱生之心，一切为了学生，为了学生的一切，为了一切学生。近代教育家夏丏尊说：“教育之没有情感，没有爱，如同池塘没有水一样，没有水就不能称其为池塘，没有爱，就没有教育。”苏霍姆林斯基说：“好的孩子人人爱，爱不好的孩子才是真正的爱。”别林斯基说：“爱是鉴别教育的尺度。”教师的爱是一种强大的力量，它不仅能提高教学质量，也会促进学生的成长。

3．诚实有信之德

教师要讲信用，诚实做人。目前学校抄袭之风、剽窃之风、伪造学历之风有抬头趋势。端正学术风气、加强学术道德建设是学校发展中要时刻注意的。要诚信教育，要建立学术惩戒制度，要培养诚实、有信之德。

4. 谦和团结之德

教师之间要谦逊和气，讲求团结。今天的学校经过多次合并办学，每个教师在过去的岗位上可能都有过值得骄傲的历史。合并在一个部门、一个系部，要互相尊重，不能自以为是；要团结，不能划小圈子；一切服从学校发展的大局，不能拘泥于过去的事业。

5. 公道正派之德

师生相处、同事相处要正派，要讲公道，而不谋私道；讲公理，而不循私情。在育人过程中，要牢固树立一个观念：学生接受能力有强弱，学习进步有快慢，没有教育不好的学生，不能因学生成绩的好坏而区别对待。学校也是一个社会，社会不正之风对学校也有影响，不能因亲疏而影响对事情的处理，要一碗水端平，要一个态度待学生。对学生“和风细雨”，不要粗暴，不要横挑鼻子竖挑眼，甚至破口大骂、污蔑学生的人格。

6. 与时俱进之德

教师作为育人者，要与时俱进，不能停滞不前。在教育观念上，要与时俱进，要提倡和实践创造性教育，摒弃旧的观念；在人才质量观上，要树立培养具有创新意识、创新精神和开拓创新型人才的观念，要抛弃过去那种培养高分低能学生的传统模式；在育人观上，要由应试教育转变为素质教育，由升学教育转变为成才教育；在教育教学观上，要由教师中心转变为教师的主导作用与学生的主体作用相结合，学生由被动的接受者转变为教育过程的主动参与者和建设者。

我们不能把学生越教越死，不应由教师设置好各种框框，让学生去钻去套；而是要设法激发学生去寻找、去发现、去创造的热情，挖掘他们的创造潜能。

11. 不要忽视“形象魅力”的作用

所谓形象，就是指一个人的风度、仪表，是一个人气质性格、文化素养、审美观念的外部表现。美好形象是美好心灵的表露。

教师的形象是由内在和外在形象共同构成的，而内在形象要通过外在形象才能展现出来，外在形象就是教师的思想、品德、业务、作风、仪表等素质综合的外在表现。教师的形象是立体的形象，是其政治形象、思想形象、文化形象、精神形象的综合体。教师形象所产生的效应，对学生人格的塑造起着不可估量的作用。

一、教师形象魅力的构成

（一）师德形象方面

“教师是人类灵魂的工程师”，“工程师”的灵魂首先应成为学生的楷模。“学高为师，身正为范”，师德形象是教师形象的第一要素。新时期教师的师德形象至少应包含以下四点：

1. 敬业奉献
2. 民主平等
3. 关爱学生
4. 追求上进

1. 敬业奉献。对教师职业要充满热情和责任感，不斤斤计较个人得失，为教育、学校、学生不惜牺牲个人利益。这一点在市场经济已充斥人们整个大脑的背景下显得尤为重要。“捧着一颗心来，不带半根草去”仍应该是新时期教师敬业奉献的体现。

2．民主平等。教师对学生不应再有居高临下之势，要尊重学生的主体人格，正视每一位学生的个性特征，不剥夺学生为“人”的权利，努力创建民主、平等和促进学生个性发展的师生关系，真正使师生关系在真诚、纯洁、平等、互进的基石上焕发出璀璨的光芒。

3．关爱学生。陶行知老先生曾经说过，“真教育是心心相印的活动”，如何尽快博得学生的真心？唯有爱！用教师博大的爱心去诚挚地关心每一位同学，去温暖每一位同学。唯有你的真心关爱，才会深入到学生的心底深处，学生才会接纳你、信任你。师爱是永恒的教育主题，没有爱，就没有教育！

4．追求上进。一位伟人曾说过：“人活着，不能没有精神！”人的一生是在不断追求中前进的。教师在教育学生要积极追求上进的同时，自己首先要敢为人先，具备开拓进取的精神。教师要抱着“活到老、学到老”的决心和信心，不断充实自己，不断进步。

（二）理念形象方面

观念是行动的灵魂，教育观念对教学起着指导和统率的作用。

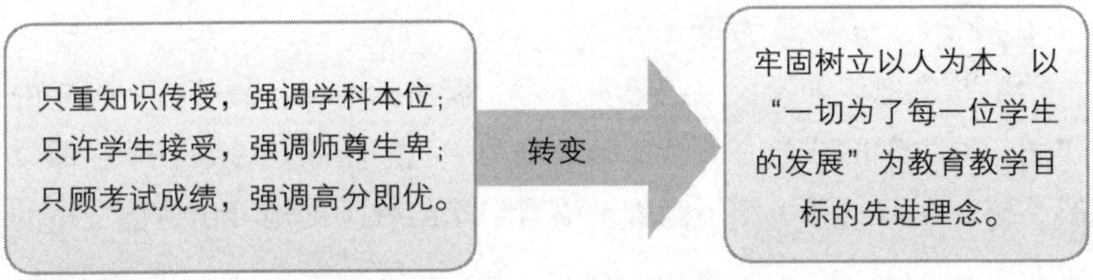

新时期要求教师要改掉过去的错误认识，教学不再是教师教、学生学两项独立的过程，教学的本质为师生的互动交往。学生是发展的、独特的、具有独立人格的学习主体。在教学过程中，师生双方以互动、交流、启发、补充等达到共识、共享、共长、共进。这种教学重结果，但更重过程。只有让学生全面感知并参与知识的形成、发展过程，知识才能渐渐地内化为学生的能力；仅凭死记硬背，只能应付临时的考试。教师与学生在整个教学过程中应处于平等位置。在学习上，教师对学生起到促进、引导、帮助的作用：而在人格上，教师与学生是彼此尊重、尊卑不分的。

（三）语言形象方面

教学是一门艺术，教师课堂教学语言的优劣是教学艺术的重要体现，也是教师形象的重要组成部分。课堂语言艺术的精髓是将风趣幽默的语言准确地用于知识表述中，使师生双方在生动、活泼、轻松、愉快的氛围中感受到良好的教育教学效果。具体应注意以下几点：

教师语言的四项基本原则

- 斟字酌句、言简意赅，忌用词不当、模棱两可、拖泥带水、废话连篇、陈词滥调、条理不清
- 形象生动、通俗易懂，忌空洞说教、言之无物、故弄玄虚、高深莫测、闻而生畏。
- 抑扬顿挫、绘声绘色，忌平铺直叙；音量浑厚、辐射有力，忌窃窃私语、有所无力。
- 风趣幽默、韵味十足，忌语言生硬、态度古板、语调单一、单调入味。

（四）行为形象方面

学生总是把教师看成自己第一学习、模仿的对象，教师言行仪表的表率作用，对学生的成长有着特殊的影响力。我们很难想象，一个在课堂上衣衫不整、无精打采、牢骚满腹、语言粗暴的教师能培养出道德合格的高质量人才。

> 其身正，不令而行；其身不正，虽令不从。
>
> ——孔子

有什么样的军官就有什么样的兵。学校教育也一样，有什么样的老师，

就会教出什么样的学生，一个班级中学生的行为习惯往往与班主任的很相似。作为教师，面对需要细心呵护的幼苗，其言行举止一定要谨小慎微，如履薄冰。教师应以整洁的仪表影响学生，以高尚的人格感染学生，以和蔼的态度对待学生，以丰富的学识引导学生，以博大的胸怀爱护学生。只有这样，才能保证教书育人的实效，学生才会“亲其师，信其道”，进而“乐其学”。

（五）教师文字形象方面

“文字见精神。”教师的教案、板书等都要与写字打交道，字写得好坏也是教师形象不容忽视的一个方面。字的隽秀、洒脱是教师强硬基本功的一面镜子。所以，即使在多媒体教学日渐风行的今天，作为教师，还需要苦练“三字”。同时，书写布局设计、色彩搭配技巧、图形描绘技能等都是教师书写形象的反映。一般来说，教师的书写形象应为：字体秀美，整齐划一；布局合理，条理清晰；色彩协调，图文并茂；富于启发，引人深思。

（六）教师外貌形象方面

不同职业对服饰、外貌的要求也不同。“为人师表”的育人职业特点，对教师外貌形象的总体要求是大方、整洁、自信、稳重。以下是教师外貌形象之大忌，作为教师，一定要在日常生活中杜绝这些不符合教师职业特征的形象。

师表忌讳

浓妆艳抹，发型怪异；奇装异服，珠光宝气；不修边幅，衣冠不整；畏首畏尾，垂头丧气；轻浮易动，神经兮兮。

走上三尺讲台，教书育人；走下三尺讲台，为人师表。教师的形象是教师人格与价值的象征，是教师智慧与才能的升华！一个优秀教师完美形象的树立，必然是其为了教育事业而求真、求善、求美的结果。

二、教师形象魅力修炼的有效策略

教师要想使自己的形象产生强烈的吸引力和感染力，应在以下几个方面修炼魅力。

（一）更新教育观念，确立正确的教师形象观

观念不同，教师对孩子的要求会不同，比如有的教师能认同和包容的行为(如活动中不同的坐姿)，在其他教师那里可能被视为纪律问题；观念不同，教师对孩子行为的感受就不同，孩子对教师的要求所产生的体验也不同；观念不同，教师对待孩子的态度以及与孩子形成的关系也不同，对孩子的成长就会产生不同的影响。因此，我们认为塑造或改变教师形象首先要从更新教育观念做起。

教师必须树立"以学生为本"的教育观念，这是指导教师全身心地投入教育活动，与孩子进行心灵的、智慧的对话的基本观念，使孩子在兴奋、投入、惊奇和愉悦中感受活动带来的喜悦。在这样的观念支配下，教师就能在心中时刻装着学生，珍视孩子在校的每一天，保护孩子的每一次惊奇，通过自己的形象表达，在活动中关注孩子关注的，惊奇孩子惊奇的，感受孩子感受的，智慧地引导每一个孩子成长。

（二）正确认识自我，树立自己在不同人群中的形象

一是树立自己在学生心目中的形象。教师不仅是知识的传播者，更是学生的表率、朋友、裁判、心理辅导专家。教师不光要在学生心目中树立崇高的形象，还要让他们觉得自己平易近人、和蔼可亲。

二是树立自己在同事中的形象。既然是同事，就要互相尊重和关心，互相支持与合作。青年教师要虚心向中老年教师学习；中年教师应勇挑重担，积极进取，取得更好的成绩；老年教师不要居功自傲和吃老本，而要热情关心、帮助年轻教师。

三是树立自己在社会上的形象。教师在社会上已有较高的社会地位和声誉，尊师重教正逐渐成为社会风尚。教师应珍惜这一荣誉，努力做好工作，塑造教师的美好形象，不辜负社会对自己的信赖。

（三）从提高人文修养入手，提升自己的精神境界

现代教师的形象包含了丰富的职业人文品质。这方面我们应该多向陶行知先生学习，他的敬业精神、博爱精神、献身精神、求真精神、好学精神、艰苦创业精神、创造精神，无一不是我们要学习的，他是现代教师的精神榜样。除了一定的精神境界之外，教师的职业人文品质还包括：

1. 人文知识与技能。包括哲学、伦理学、美学、历史、文学艺术等方面的知识以及处理人际关系、调节情感等方面的技能。

2. 教育伦理修养。包括职业承诺或事业心，对儿童的爱心、童心，工作责任感，人格的自我完善，合作意识，教育科技的伦理观，等等。

3. 教育艺术品质。主要是指表现在教育教学或班级管理中的审美情致、艺术趣味、想象力、创造力和直觉等品质。

4. 教师的自我意识。主要包括健康而经济的职业自我认知、自我体验、自我评价、自信心、意志力等。

教师职业人文品质的主题或核心应是人的潜在能力和创造力。

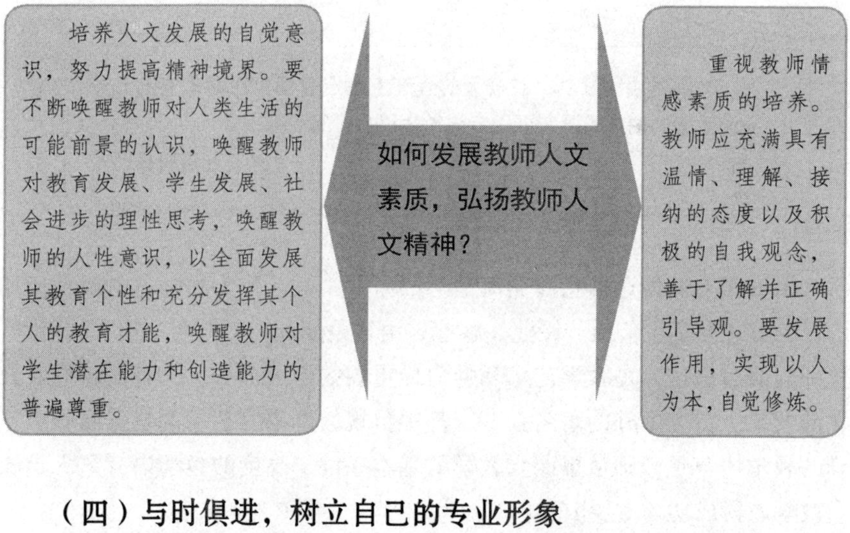

（四）与时俱进，树立自己的专业形象

在知识经济时代和信息社会，教师职业正在成为一类重要的专业性职业，而不是一种行业的简单劳动；教师将不再是单纯的任务执行者或角色

的扮演者，而是教育的思想者、研究者、实践者、创新者和需要不断发展的专业工作者。因此，教师必须要按照专业工作者的要求来塑造自己的职业形象。

作为专业工作者的教师形象，也就是学者型教师是什么样子的？学者型教师应该是：有高尚的师德、科学的教育理念、相当的专业知识和专业能力、勇于创新，具有一定的创造性。

因此，教师只有不断学习，不断进取，才能不断更新自己的教育教学观念，丰富自己的学识，提高自己教育教学能力和实践智慧，进而使自己良好的专业形象在学生心中深深扎根。

12. 加强教师语言的修炼

一、教师语言魅力的作用和意义

> 教师的语言素养，在极大的程度上决定着学生在课堂上脑力劳动的效率，精练的语言可以节约学生很多时间。
>
> ——苏霍姆林斯基

语言是人们传达信息和交流情感的主要工具。作为教师，主要是运用语言的形式向学生传道、授业、解惑，语言是架起“教”与“学”的桥梁。教师的语言表达，是教学艺术和魅力最重要的组成部分，它直接影响着教学的效果。古今中外的著名教育家都很重视教师语言艺术的自觉修养。正确的教学语言是教师从事课堂教学的基本条件，高度的教学语言艺术是课堂教学取得成功的重要因素。

优秀教师的语言是一种技术更是一种艺术，曼妙、细腻、唯美、豪迈；优秀教师的语言是一种知识更是一种思想，深邃、练达、智慧、仁爱；优秀教师的语言是一种功力更是一种品位，情趣、意境、修炼、魅力。

优秀教师的语言是人类最美的语言：抑扬顿挫是教师语言的节奏美，诙谐幽默是教师语言的机智美，声情并茂是教师语言的情感美，逻辑严密是教师语言的理性美，启迪心灵是教师语言的道德美。语气平和说明了教师的稳重，语气温和表现了教师的耐心，语气坚定反映了教师的信念。语句连贯表明了教师对内容的熟练，语句清晰反映出教师对内容的掌握，语句完整体现了教师思维的缜密，语句优美彰显出教师扎实的功底。优美的语言是给学生最美的教育享受。

美好课堂

我们都有过这样的感受：听一堂名师好课，就像观赏一幅名画，心动神移，流连忘返；就像欣赏一首名曲，余音在耳，袅袅不绝。再观听课的学生，个个双眸凝神，犹如被磁石吸引般地听着、想着……表现出精神上的充实和满足、紧张和愉快，显示出教学语言的魅力和审美价值。

教师成功的教学无不得力于教学语言的功力。为了出色地完成教学任务，每个教师都应该努力提高自己的语言素养，掌握语言艺术，增强语言的表现力。有的教师把语言学家的用语准确、数学家的逻辑严谨、哲学家的哲理深邃、演说家的论证雄辩、艺术家的情感丰富融于一身，这是他们通过教学实践，自觉刻苦锻炼的结果。

二、教师语言魅力的基本要求

教师的语言是教师在教育教学的具体条件下所使用的语言，因而有其特殊性，有与其他专业语言和日常生活语言不同的地方。它的基本要求是：

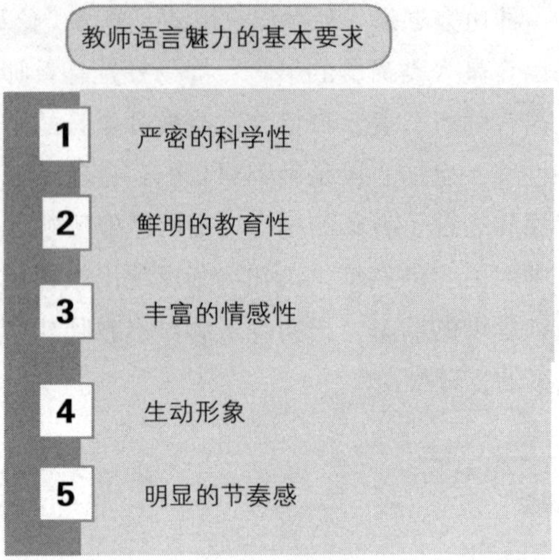

（一）严密的科学性

每门课程都有严密的结构，都有明确的教学目的。教学的目的性要靠讲授的科学性来实现。这就要求教师的语言必须具备严密的科学性。语言的科学性，体现在准确性、精练性、逻辑性和系统性上。

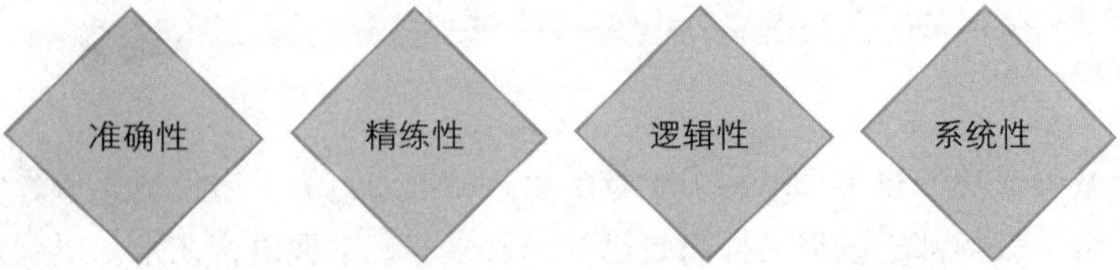

所谓准确性，就是能够正确地使用概念，科学地进行判断，语言规范，发音准确，吐字清晰；不使用含混不清的字句，不说半截子话，不说无关的话，不带口头禅，避免不必要的重复，从而使学生准确地理解讲授的内容。

所谓精练性，就是措辞精当，言简意赅，干净利落，不啰唆，能用最简练的语言表达出最丰富的内容。

所谓逻辑性，就是对每个论点的论证或推导步骤严谨、理由充分、无懈可击，合乎逻辑地引出必然的结论。

所谓系统性，就是按事物发展的顺序，讲话有条理，头绪清楚，层次分明，不紊乱，一堂课的讲授，记录下来就是一篇完整的文章。教师的语言只有具有严密的科学性，才能引导学生系统地掌握理论知识，发展他们的抽象思维能力。相反，如果教师的语言没有科学性，就会导致概念模糊，造成判断上的错误、推理上的自相矛盾，这既影响学生掌握知识，也阻碍他们智力的发展。

（二）鲜明的教育性

教学始终具有教育性是一条客观规律。教学总是既教书又育人，授业与传道是水乳交融同时进行的。这是因为，教师在向学生传授知识的同时，总是连同自己一定的思想、道德、观念和情感传递给学生。因此，任何学科的教师，在钻研教材时，都要深刻体会教材的思想内容，并使之与自己的思想感情融合起来。这样才能使教师的真情和语调随着讲授的内容而起伏变化，表明其对是非善恶的态度，让学生了解教师的爱和憎，使学生既能准确地掌握科学知识，又能受到思想上的教育和情感上的熏陶。反之，如果教师不把教材所含的思想内容与自己的思想感情融合起来，只以冰冷的语言作客观主义的介绍或空洞的说教，是达不到教书育人的目的的。

（三）丰富的情感性

古人云："感人心者，莫先乎情，莫始乎言，莫切乎声，莫深乎义。"这说明，通情才能达理，达理必先通情。情理交融，才能收到好的教学效果。心理学认为，情感在心理活动中具有动力的作用。任何认识活动，都伴随着一定的情感，是在情感的动力影响下进行的。列宁说："没有人的情感，就从来没有也不可能有人对真理的追求。"因此，在教学中，教师应怀着关心学生、热爱知识、认真负责的态度，以富有情感的生动的语言，采取多种教学方式激发学生的兴趣，使他们带着强烈的求知欲开始学习，在情绪高涨的气氛中进行智力活动，以满足的情绪解开知识之谜，使师生双方不仅在理智上产生同频共振，同时也在情感上产生强烈共鸣，从而共同体验着教与学的愉快、耕耘与收获的喜悦。反之，如果教师缺乏对学生的爱，语言冷淡，没有情感，学生的学习热情就不能被唤起，教学效果也就必然不会很好。

（四）生动形象

学生理解事物是由具体到抽象的，而教科书一般是以抽象概括的语言叙说的，文字虽然简练，但缺乏具体形象的情节，很难吸引人。教学要取得成功的一个重要条件，就是教师通过语言刺激，唤起学生头脑中的表象，使学生大脑皮层形成新旧兴奋点之间的联系，激发他们的再造想象和创造想象。如何使这三者统一起来呢？这就要求教师在讲授时，根据教材的内容，紧密联系恰当举例，选用贴切、有趣的比喻，运用生动形象的语言，进行绘声绘色的描述或讲解，把深奥的道理形象化，把抽象的概念具体化，把枯燥的知识趣味化，使课本中"躺"着的文字"站"起来，丰满起来。

（五）明显的节奏感

教学语言的节奏是指在讲课过程中，随着讲授的内容不同，教师内心的情感发生相应的变化，从而使语速的快慢急缓、语音的轻重强弱、语句的断连疏密、语调的刚柔抑扬也发生变化，并有机结合融为一体。

具体来说，就是要求教师在讲课时，说话的速度要与学生的思考速度相适应。在语调上，重要的地方，声音应当较高；次要的地方，声音适当降低。这样有起有伏，抑扬顿挫，铿锵自然，学生听来悦耳，就会全神贯注地听讲了。

三、教师语言魅力修炼的有效策略

（一）流畅

教师对教材内容的讲授，是课堂教学的主要部分，学生从教师的讲授中能获得比较系统、全面的理论知识。教师授课的语言流畅与否，直接关系到学生对知识的掌握程度。因此，语言流畅是教师最基本的素质之一。教师要把需要讲述的内容，通过自然、连贯、轻松、流畅的语言，行云流水般地表达出来，让学生在一种和谐的语言氛围中学习知识。

精心备课，是教学的重要环节，也是使授课语言流畅的前提条件。教师只有将教材烂熟于胸，授课时才能挥洒自如。

教师流畅语言的视听对象是学生，这种流畅必须为学生所体验，即语言传达的信息必须是学生需要的并能够接受的。如果不考虑学生的实际情况，只是教师一人在讲台上不着边际地夸夸其谈，那将会使学生产生厌倦情绪，达不到教学目的。

修炼流畅

与流畅相背离的是习惯性的废话、重复、停顿。这是教师的大忌。这一习惯是有些教师长期以来不注重语言修养而留下的痼疾，而要改掉这一不良习惯，非下大气力不可。

1. 教师要把语言流畅作为自己的第一要求，在思想上引起重视；

2. 多听听相声、评书，学习相声、评书演员驾驭语言的技巧；

3. 进行朗读练习，与周围的人多进行语言交流。有信心，有恒心，就必有所获。

（二）生动

学生具有较强的接受口语的能力，这就为教师施展语言技巧提供了可能。生动的授课语言，能极大地激发学生的想象力和辨别力，往往会给教学带来意想不到的效果。要使语言生动，必须做到以下几点：

第一，活泼。教师语音的高低、节奏的快慢，会使学生产生不同的听觉效果。一个有经验的教师，往往在强调重点内容时，采用低声调、慢节奏的语言，以便使学生有一个思考、回味的余地；在讲述一般性内容时，采用高声调、快节奏的语言，以达到在短时间内使学生形成印象的目的；在论证某一结论而引用材料数据时，采用高低、快慢交错进行或连珠炮似的语言，以加强结论的可信度。这样，教师通过语言的感染力，在向学生传授教材内容的同时，也传达出另一种信息，即这些内容是可识、可记、可信的。

第二，多变。教师在表达同一内容时，可以有多种表达方式，如开门见山、旁征博引等。而方式的选用，在很多时候必须视学生的精神状况而定。现在，学生的学习时间长、负担重，一天内大脑会出现几个“兴奋—抑制”周期。当学生注意力集中，即处于兴奋期时，教师须适时抓住教材中的关键词句，以最简练的语言，将重点内容交代清楚。这时，切不可漫天撒网、旁征博引，否则，会分散学生的注意力。当学生注意力分散，如有人打瞌睡或小声讲话时，教师可暂时离开教材上的词句，或讲一个有趣的小故事，或谈一件近期国际国内发生的大事，以吸引学生的注意力，然后将谈话内容同教材内容结合起来，回到教材内容的讲授上。

第三，幽默。只要有心，幽默无处不在。幽默是使教师教学语言生动的法宝之一，它简洁明了，能表达深刻的内容；它令人捧腹，课堂上师生开心一笑，大家心情愉悦，教学效果更佳。

课堂幽默

有的学生做试卷时，不注重卷面设计，东一个箭头，西一个箭头，使阅卷老师不悦。于是，教师便在课堂上说：“我们有些同学，总以为自己是一位什么了不得的将军，用几根弯弯曲曲的箭头，便命令阅卷老师去东征西讨。”学生在哄堂大笑的同时，也领悟到了卷面整洁是多么重要。

（三）清晰

对基本理论的理解和运用，是课堂教学的核心。一堂课 45 分钟，先讲什么，后讲什么，强调什么，落实什么，教师必须心中有数。否则，脚踩西瓜皮，滑到哪里是哪里，学生理不清线索、抓不住中心，教师也就达不到教学目的。因此，教师把自己精心设计的教学语言，用洪亮的声音清晰地表达出来尤为重要。那么怎样才是语言清晰的表现呢？

第一，清晰地表述概念、原理的不同层次。语词是概念的语言形式，概念是语词的思想内容。对概念内涵的理解，一向是教学中的重点和难点。教师对语词的逐层分析，是使概念清晰可辨的有效方法。

第二，清晰地表述基础理论的内在逻辑线索。教材中重点、全面阐述的基本理论，由于篇幅比较长，学生对其基本内容和内在联系理解起来要相对容易些，而教材中理论性较强但又不可能详尽阐述的问题，就会成为教学难点。如何突破这一难点呢？教师应先将隐藏在复杂现象后面的逻辑线索清晰地罗列出来，再辅之以简明扼要的板书，就会使学生一目了然。

第三，清晰地表述知识点之间的区别与联系。当教师讲授的知识密度加大，一堂课至少要讲述几个甚至十几个知识点时，就必然加大了教师讲述的难度。处理这样的课程，重点在于要明确指出不同知识点之间的区别与联系。在讲述一连串知识点时，教师还必须抓住起主导作用的一点或两点，用一组材料或图表把它们串联起来，使之形成一种立体结构，便于学生抓住重点。

（四）准确

准确，是课堂教学的生命。教师所传授的知识准确与否，对学生的学习、行为甚至世界观的形成都有着直接的影响。

因此，教师的语言要准确、鲜明、简练。所谓准确，就是要观点明确、语意清晰、发音标准、遣词得当、造句符合文法、推理合乎逻辑、用语具有专业性和学术性。所谓鲜明，是指语言要褒贬分明、饱含真情实感，爱什么、恨什么，赞扬什么、反对什么，泾渭分明。所谓简练，是指语言言简意赅。论述简明扼要，提纲挈领；分析鞭辟入里，丝丝入扣；描绘画龙点睛，入木三分；见解独到深刻，令人耳目一新。这样的语言才会具有感染力和吸引力，才能够像春雨一样流入学生的心田，同时把美好的思想和科学的知识带给学生。

13. 提高教师沟通的能力

所谓沟通，是指人在人际交往过程中的协调、处理各种人际关系的总和。沟通是人与人相互取得联系的一个最主要渠道，在任何社会团体中，人与人之间都要发生这样或那样的关系，沟通协调是每个人都需要的。一般的沟通是指社会中的个人与组织基于一定的需要，通过语言、文字、图片、行为等方式，交流思想、观念、意见、情感等信息的行为。

教师的沟通协调能力

> 教师的沟通协调能力是指教师善于沟通、协调学校、工作内外各种关系的能力。要想在和谐的氛围中生活工作，教师就要学会缓和矛盾、解决冲突，善于与人交往，倾听各方面意见，使教学工作各方面、各层次、各环节达到相互协调。

在学校里，学生与教师、学生与学生之间形成了基本的人际关系。在这些人际关系中，教师是管理者，因此要有较强的组织领导、管理协调能力，才能使教学更有效率，更能促进学生的发展。除此之外，教师与教师、教师与家长、教师与学校领导的关系也对其教育工作有重要影响。教师在这个复杂的人际关系体系中发挥着调节者的作用。

因此，要想成为真正有魅力的教师，除了有过硬的专业知识技能和师德之外，沟通协调能力也是必不可少的。在一定程度上，教师的沟通协调能力甚至直接关系到整个教学工作的有序进行。教师只有不断提高自身的沟通协调能力，处理好各方面的关系，才能带着一个健康、幸福的心态去面对学生，才能全身心地投入到教学工作中去。

一、教师沟通能力的基本内容

沟通能力包括组织协调能力、合作协调能力等，它们之间是相辅相成的。教师作为教育环境中的工作者，对其协调能力有着更严格的规范。新时期的教师应着重协调好以下几种关系：

- 调节好师生关系
- 调节好与家长的关系
- 调节教师之间的关系
- 调节好与学校领导的关系

（一）调节好师生关系

师生关系如何，决定着教师的工作效果。只有具备良好的师生关系，教育才能发挥作用。教师是教育者，师生关系的双方，教师起主导作用，教师的活动决定着师生关系的性质。

教师对师生关系的调节，主要体现在活动的协作和情感的交流两个方面。

学校中师生间的活动都具有协作的性质。教学活动中体现为教与学、指导与被指导的关系，在这种关系中，教师若以渊博的知识和精辟的讲解满足了学生的求知欲，学生则会以集中的注意力、活跃的思考和积极的学习态度来配合教师的活动。在劳动、团队活动及其他活动中，这种关系体现为领导与被领导的关系，处理得好，不但活动能顺利进行，而且学生也能在活动中得到较大的收获。

（二）调节好与家长的关系

在教育学生的过程中，除了与学生的关系外，教师与其他人员的关系中最重要的是与学生家长的关系。

在教育学生的问题上，教师与家长的愿望一般是相同的，但由于教师与家长在教育素质、教育方式、观察问题的角度和了解学生程度上的不同，双方容易出现交流障碍，特别是当学生出了问题或教育无效时，教师和家长之间有时会出现不协调的情绪交流。因此，调解教师与家长间的关系，是教育工作必不可缺少的一个环节。

（三）调节好教师之间的关系

教育学生，不只是某一个教师的任务，还是整个教师集体的责任。马卡连柯曾指出，只有由共同意见、信念和互相帮助所联合起来的、摆脱了嫉妒心和个人追求学生爱戴的集体，才能进行教育。由于教师们的年龄、个性、教学经历各不相同，加之教师的劳动具有个体性，很容易在某些问题上产生分歧，而这些分歧会导致对学生的教育不一致，从而严重影响教育工作的效果。因此，调节教师之间的关系，使之在感情上保持和谐、工作上协调合作，是创造教师良好工作条件的重要方面。

（四）调节好与学校领导的关系

从根本上说，教师与学校领导之间的根本利益是一致的，但他们毕竟分工不同、职责不同，矛盾是存在的。其主要表现在由于认识上的不同所产生的矛盾，学校领导与教师在思考和处理问题时，出发点不尽相同，等等。学校领导往往是从整个学校工作的全局出发，而教师在领导面前往往是班级利益的直接代表者，他们更多地是从自己的工作、自己的班级、自己学生的角度去考虑问题，这样两方面就会产生分歧。

因此，教师要调节好与学校领导之间的关系，以大局为重，服从安排，全心全意投入并致力于学校的发展和学生的发展，创造出和谐、合作的良好关系。

二、掌握教师沟通能力的基本原则

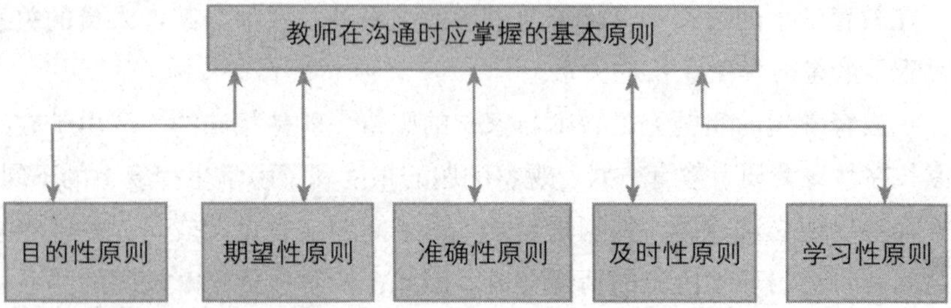

（一）目的性原则

在教师与他人的交往中，沟通的过程是一个双向、互动的过程，并非是教师一个人的“独角戏”。只有当发出的信息能引起学生、教师或学校领导的反馈时，才是成功的，否则就是一次失败的沟通。要达到这一目的，沟通传递的信息必须包括观点、态度、情感等，要让被沟通者充分感知和理解。

在实际工作中，教师主动与人沟通的目的性是很强的，归根结底是要达成共识，使自己的观点能被对方接受。新教师无论是面对学生、家长，还是学校的同事，沟通时都要努力使自己的想法被认可，求得理解和支持。

所以，新教师在沟通之前要先整理自己的思路，使其合乎逻辑，不能兴之所至、漫无目的。

（二）期望性原则

沟通是一种客体期望的满足，教师的沟通尤其如此。人们总是喜欢听他们愿意听的话，认同他们喜欢或赞赏的行为，而对那些不熟悉的威胁性的语言、不喜欢的行为会持排斥态度。因此，只有充分了解沟通对象的期望与要求，才能选择最有效的媒介，用打动他们的方式与语言，实现沟通的目标。在此特别强调对沟通对象的分析，应有备而来、有备而战，使沟通对象能从新的角度来看待问题，修正他们的观点，改变他们的态度。

（三）准确性原则

准确是沟通基本的原则和要求。在沟通中，只有当你所用的语言和方式能为对方理解时，沟通才有效。这一点看起来简单，做起来未必容易。在实际工作中，由于沟通的对象对教师的意图未必能完全理解，教师应将其沟通的意图加以综合并力求用容易理解的方式来表述，这就要求教师必须具有较高的语言表达能力，并熟悉学生、家长和学校领导所用的语言，这样才能克服沟通过程中的各种障碍。

因此，教师在进行沟通的过程中，要按照自己沟通的意图，准确无误地向对方传播信息。教师的语言也应有趣、生动，切忌拖泥带水、简单重复，避免使对方产生似是而非、含糊不清的感觉，从而影响沟通。

（四）及时性原则

信息只有得到及时反馈才有价值。在沟通时，不论是向下传达信息，还是向上提供信息，或者横向沟通信息，沟通者都应遵循“及时”原则。遵循这一原则，可以使自己容易得到各方的理解和支持，同时可以迅速了解同事的思想和态度。反之，沟通会因信息传递不及时或接受者重视不够等原因而使沟通效果大打折扣。

在实际工作中，教师应该及时与学生沟通，这样才能更加了解学生，从而提高学生的成绩，并使学生的身心健康得到进一步发展。教师应及时与家长、同事和学校领导进行有效沟通，从而得到他们的理解、支持和帮助。

（五）学习性原则

人的沟通技能不是与生俱来的，而是通过不断学习培养出来的，因此，我们必须不断地学习和练习。虽然，学习沟通技能是一个痛苦的过程，但是只要我们下决心反复磨炼、不断总结，是完全可以学好的。

因此，教师在学习沟通技能时，首先要养成换位思考的习惯，注意沟通时语言的规范化、逻辑性，把握深浅度，正确掌握和运用沟通时的语调，语速、音量、音调，有效运用身体语言，并学会倾听。只有这样，教师的沟通能力才能不断得到提高，才能成为有效的沟通者。

三、教师沟通能力修炼的有效途径

良好的沟通是教师与学生、教师与其他人之间建立深厚情感的基础，是双方彼此接纳的桥梁。沟通的效果首先与教师的态度有很大的关系。正确的态度是深入沟通的前提，教师需要具备的态度有尊重、热爱、真诚、欣赏。

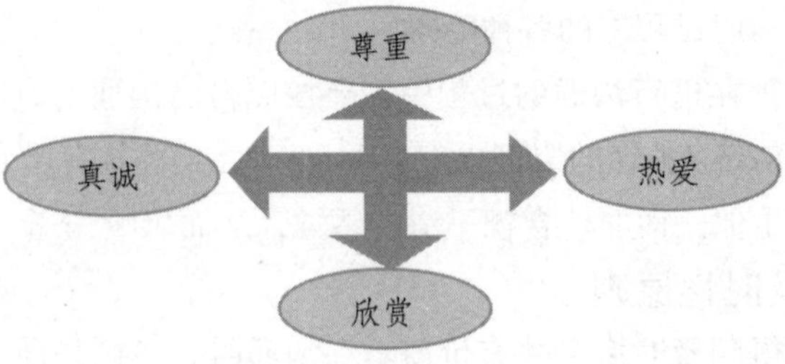

（一）尊重

在马斯洛的需要层次理论中，尊重的需要是第四层次的需要，是第五种需要即自我实现这一最高层次需要的前提。人本主义心理学特别强调人性的基本需要是自尊、自我喜悦和自我欣赏，认为一个人有多少自信和自尊，他便会有多少幸福、有多少成就。有位教育学家说过，教师有可怕的力量和得天独厚的机会去影响学生的一生，影响周围的每一个人。教师的尊重带给学生自尊与自信，可以说是学生快乐的源泉，是他们不断努力和超越自我的源动力。

在人际交往过程中有一条重要的原则，就是“你希望别人怎么待你，那么你就要怎么待人”。而体现在师生关系中，就是要求老师能放下“师道尊严”的架子，让学生和自己处于一个人格平等的位置上，不要总认为自己是学生知识的传授者和管理者就高高在上，就对学生有绝对权威，就可以忽略学生的尊严和独立人格，就可以漠视学生的各种心理需求，就拒绝给予学生充分的理解与尊重。体现在其他关系上，教师也要遵守这一原则。只有这样，教师才能与他人进行很好的沟通，从而建立良好的人际关系。

（二）热爱

爱自己的孩子是人，爱别人的孩子是神。

——苏霍姆林斯基

教师担当和从事的是爱的教育。和谐的人际关系不是利益关系，不是交换关系，不是权力关系，也不是亲情关系，而是一种出于内心中真诚情感的平等友爱、纯洁健康的关系。

在处理师生关系时，教师对学生的情感应源自教师对学生无私的爱。不能仅把教师这一职业看成是一种谋生的手段，因为它背负着重大的人生使命。只要充当教师这个角色，对学生的爱就是不可或缺的。这正是教师职业的伟大之处。如何爱学生呢？中外学者对此多有论述。

（师）爱不是一个偶然幸运地体现并陶醉的一种纯粹的快感，而是一门艺术，一门需要知识和努力才能学会的艺术。这种艺术，简而言之就是教师对学生的爱应体现为严格要求学生和尊重学生的高度统一。

——[美] 弗罗姆

作为教师，不仅应该关心学生的学习情况，而且还要关心他们的生活状况和家庭状况，特别是对失去家庭温暖、性格行为怪异的学生，对学得艰苦但学业成绩不佳的学生，对学生成绩较差、行为习惯不良的学生，教师更要经常与他们进行情感交流，让爱与关怀如春雨般滋润他们渴望成长的心田。

（三）真诚

唐代诗人白居易说：“感人心者，莫先乎情。”这真实地道出了真挚情感的重要性。人对感情是十分敏感的，能够体会其中的真诚与虚伪，并对此作出相应的反应。因此，要想获得他人的真诚相待，首先就要真诚地对待他人。师生之间也是如此。作为教师，想与学生真诚地沟通，想了解学生的真实情感，就需要真诚地对待学生，让学生感受到老师是真诚的，这样才能够建立互信关系，用真诚换真诚，师生的心理距离才能逐渐减小，心灵的沟通才能实现。只有用真诚关爱才能使教育达到预期的效果。很多老教师有这样一种感触，就是在若干年后依然和自己保持联系的学生，往往是当时班里最顽皮、最不听话的学生。当然，他们常常是老师真诚地倾注了大量心血的学生。就是说老师的真诚打动了他们的心，让他们在以后的人生岁月里对老师怀有深深的感激之情。因此，作为教师，应该克服以领导者自居的观念，把传授知识与情感投入相结合，学会尊重学生，真诚地爱护学生。

（四）欣赏

每个人都会有优缺点，如果总是盯着别人的缺点不放（包括带着有色眼镜看人），就很难欣赏对方的优点和长处，就会对他产生否定的情绪，在心理上也会排斥他，从而产生消极的情感体验，导致双方的交流也会很不和谐。如果不能自由、坦然地表现自己，师生交流与沟通的深度就会有很大的限制。人的成长是在欣赏与鼓励中进行的，一个人只有自己被别人肯定后，才会进而去肯定别人，所以作为教师，看到每个学生的优点是至关重要的。只有看到学生的优点才能够真正地尊重他。欣赏他。经验表明，一位教师如果能看到全班每个学生的优点，师生沟通一定会很顺利，他的教育教学效果也一定会很好。

14. 提升教师专业素养

新课程改革给教师的职业生涯带来了越来越多的冲击与震荡。对教师而言，激流勇进方显英雄本色，知难而退就是自甘平庸。新课程越来越强烈地呼唤教师的专业塑造和专业成长。办有灵魂的教育，育有思想的教师，树有底气的新人，这已成为学校发展的共同愿景，而愿景的实现必须仰赖于教师的专业素养，仰赖于教师的成长自觉，仰赖于教师有将自我锻铸成器的觉醒。我们始终认为：只有教师发展了，才有学校的发展，也才有学生的成长。教师要重视锤炼和提升自身的职业素养，不断充实自己的专业底气。

一、教师专业素养的组成部分

“每个人都是自己命运的建筑师。”作为教师，我们要在学、思、行中不断提升，用专业素养来完善自己。教师专业素养是指从事教育教学工作所必须具备的特质。一般而言，教师专业素养主要由四个部分构成：专业精神、专业知识、专业能力和专业实践。

（一）专业精神

教师的专业精神是教师应具有的理想追求、道德规范和伦理要求等基本理性价值取向，是指导教师献身于教育工作的精神动力。教师的专业精神具体包括专业理想、专业情操、专业道德、专业人格、专业自我。

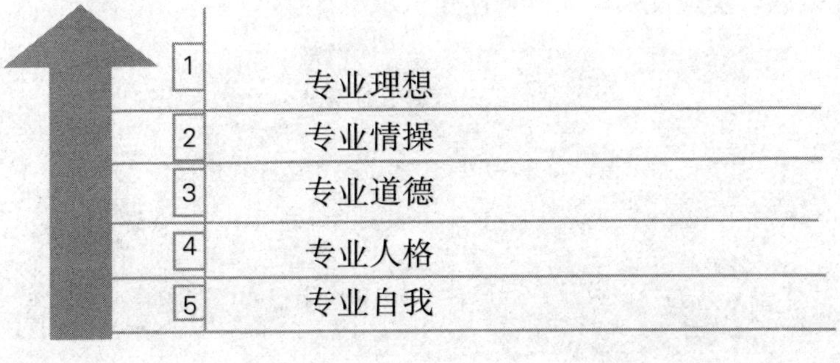

1．专业理想：专业理想是指教师对所从事的事业的向往和追求。它为教师提供了奋斗目标，是推动教师专业发展的动力。具有专业理想的教师会对教学工作产生敬畏感、认同感、投入感，会对教学工作抱有强烈的责任感，乐于为教育事业奉献一切。

2．专业情操：专业情操是指教师对教育教学工作带有理性的价值评价的情感体验。它是构成教师价值观的基础，是构成优秀教师个性的重要因素，也是教师专业情感发展成熟的标志。具有专业情操的教师，会对所从事的教育教学工作投注真情，怀有一种责任感、使命感和自豪感。

3．专业道德：专业道德是指教师在从教过程中必须遵守的职业道德规范。教师要依法执教，爱岗敬业，热爱学生，严谨治学，团结协作，尊重家长，廉洁从教，为人师表。

4．专业人格：专业人格是指教师成功从事教学工作所具有的人格特征。人格是教师的一种重要的教育力量，是教师进行教育的基石。教师的专业人格体现为自尊自爱、仁慈宽容、合作乐群、博学多才、谦逊不傲、乐于奉献等方面。

5．专业自我：专业自我是指教师个体对自我从事教学工作的感受、接纳和肯定的心理倾向。一个优秀的教师，是知道运用“自我”作为有效的工具进行教学的人，他能够以积极的方式看待自己，能够准确地分析自己和所处的世界，具有自我信赖感、自我价值感，同时又勇于战胜自我、实现自我、超越自我。

（二）专业知识

专业知识是教师从事本学科教学应该具备的知识，它包括本体性知识、条件性知识、实践性知识和背景性知识。

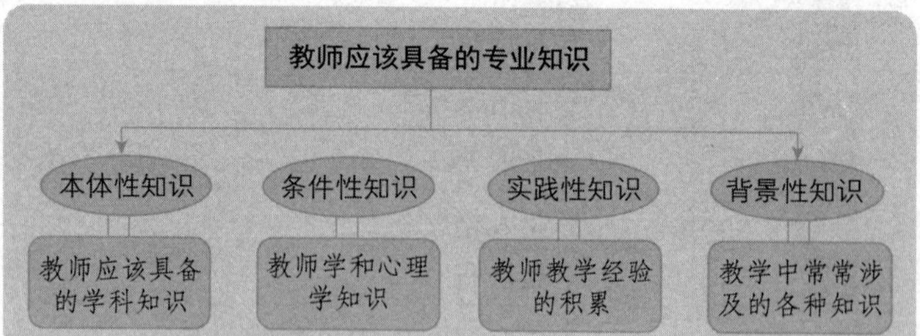

1．本体性知识：是教师应该具备的学科知识。这是教师知识结构中的基础层面，是教师最基本的知识素养。教师应熟练、完整、系统、扎实地掌握所授学科课程的基础知识及其结构，了解基本的学科教学方法及其适用条件，了解学科教育发展史和当前发展动向。教师的本体性知识要“深”。

2．条件性知识：即教育学和心理学知识。要成为一位好教师，不但要有扎实的专业知识，还要了解和遵循教育工作的规律，掌握教育学、心理学中的基本教育理论和知识。条件性知识是教师成功教学的重要保障。新世纪的教学工作要求教师跟上教育理论研究的步伐，把教育理论的最新研究成果引入教学过程。教师的条件性知识要“实”。

3．实践性知识：是教师在面对实现有目的的教学行为时所具有的课堂情境知识以及与之相关的知识，也就是教师教学经验的积累。在教学过程中，教师若具有一定的实践性知识，就能了解、分析学生的心理活动和思想状态，在特定的教学情境中作出相应的反应。教师的实践性知识要“活”。

4．背景性知识：即教师教学中常常涉及的各种知识，如哲学、美学、社会学、传播学、管理学、文化学、人类学等方面的知识。教师的背景性知识要“宽”。

（三）专业能力

教师的专业能力是教师组织教育活动，对学生施加有目的的影响的主体“行动”能力。这些能力通过教育活动来体现并保证教育活动有效进行，主要包括：专业表达能力、教学实施能力、教学研究能力等。

专业表达能力
★口头语言表达能力 ★书面语言表达能力 ★肢体语言表达能力 ★现代教育技术操作能力
教学实施能力
★教学认知能力 ★教学设计能力 ★教学操作能力 ★教学评价能力
教学研究能力
★课题研究的能力 ★教育调查的能力 ★撰写论文的能力

（四）专业实践

教师的专业实践是教师组织和指导学生进行认知来达成教学目标的师生共同实践活动，是教师专业素养的外化形式。如果教师只有专业精神、专业知识和专业能力而没有开展专业实践活动，就等于什么也没做。

教师的教学行为要明确，教学方法要灵活多样，能够有效地调动学生学习的积极性；要在课堂中能够围绕教学任务开展教学活动，努力工作以建立师生相互之间的和睦关系；要对学生怀有积极的期望，意识到学生所关心与需要的东西，高度关注学生的学习过程，让学生主动参与到教学活动中，并对自己的学习负责；要及时掌握学生的学习状况和课堂中出现的问题，并能据此调整自己的教学节奏和教学行为。

总之，上述四种专业素养是教师专业发展的标准和目标体系，它们并不是简单的并列关系，而是相互作用、影响并共同构成教师专业发展系统的复杂结构，且不断变化发展。每一位教师应针对自身的不足来制定相应的发展目标和改进措施，在专家引领下实施诊断，并不断加以改进，以此促进每一位教师取得有针对性的专业发展。

二、教师专业成长关键的五个阶段

（一）适应与过渡时期

（二）分化与定型时期

（三）突破与退守时期

（四）成熟与维持时期

（五）创造性智慧时期

（一）适应与过渡时期

适应与过渡时期是教师职业生涯的起步阶段。这一时期的教师，由于刚刚走上工作岗位，对职业的角色要求和规范所知有限，跟实际工作密切相关的专业知识、经验和技能掌握不多，因而碰到的困难大多与如何适应并完成常规的教学工作和管理工作有关。一方面，他们对课程体系几乎不大了解，对学科内容的把握容易失偏，也不太懂得怎么教学、评价学生和如何与家长沟通并取得家长的支持、配合等；另一方面，他们又面临着被领导、同事、家长和学生评价的压力，面临着同事之间的各种形式的竞争，面临着身份转换之后所产生的心理上的不适应和职业的陌生感，面临着理想的职业目标与平淡的生存现实之间的反差和失落，面临着高投入与低回报所导致的身心疲劳、焦虑和无助，往往容易产生一种强烈的挫折感和消极的逃避心态，导致其工作热情降低、专业认识错位和职业情绪失控，导致其对教师职业价值崇高性的低判断和对自己教学能力的低估计现象。这一时期，是教师专业发展较为困难的时期。

这一时期是教师的理论与实践相结合的初级阶段，教师要尽快适应学校的教育教学工作的要求。为此，教师要积极应对角色的转换，积极认同学校的制度和文化，加快专业技能的发展。

（二）分化与定型时期

分化与定型时期以适应型教师为起点。适应型教师尽管摆脱了初期的困窘状态，但又面临着更高的专业发展要求。这是因为他们的专业水平和业务能力在学校中还处于相对低位，自己缺乏安全感；而人们对他们的评价标准和要求随着其教龄的增长而提高，他们与其他教师之间的竞争开始处于同一起跑线上。人们不再以一种宽容、同情的眼光来看待他们，重点关注的不再是他们的工作态度，而是工作方法和实际业绩。那种初为人师的激情和甜蜜已不再有，教师开始分化：有的教师会慢慢地趋于平淡、冷漠甚至于厌倦，早期的职业倦怠现象开始出现；有的教师由原先的困惑和苦恼进入初步成长的喜悦和收获期。另一部分教师对职业的悦纳感进一步加强，对专业发展的态度更加端正、稳定和执着，专业发展的动力结构既有外界的任务压力，也有自觉追求和发展的内驱力；教学经验日益丰富，教学技能迅速提高，专业发展进入第一次快速提升期，并出现了定型化发展的趋势。

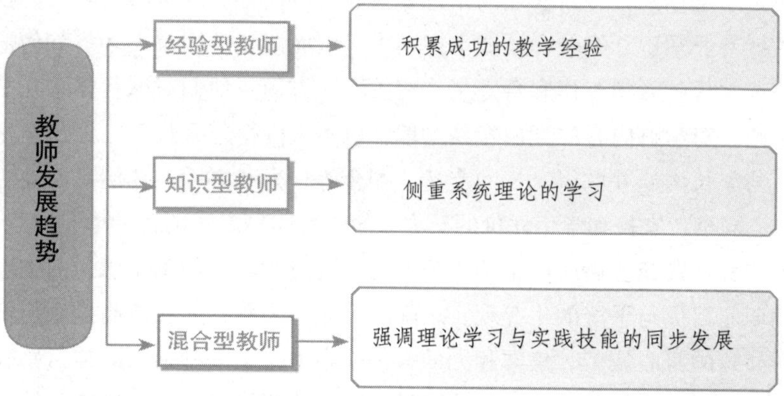

绝大多数教师有意磨炼自己的教学技能，积累成功的教学经验，全面发展自己的专业能力，成长为一个具有相当水平和能力的教书巧匠——经验型教师。经验的丰富化和个性化，技能的全面化和熟练化，成为其明显的特征。也有一部分教师仍旧沿袭理论学习和发展的传统，在注重教育教学技能发展的同时，更侧重系统理论的学习，成为知识型教师。较之前者，该类教师明显地存在理论的优势和超前的思想，但在实践技能和教学经验的全面性和有效性方面与前者存在一定的差距。当然，还有少量的教师则始终强调理论学习与实践技能的同步发展，表现出一种特色不明显但各方面的发展水平比较整齐均衡的混合型特点。这三种不同的发展倾向，在很大程度上跟教师的个性类型有关，更主要的是跟其生长的环境和同伴群体的影响有密切关系。其中人数最多的是经验型教师，其次是知识型教师，最为难得的是混合型教师。

（三）突破与退守时期

这一时期以经验型、知识型和混合型教师为起点，进入一个相对稳定的发展阶段。这时，教师对职业的新鲜感和好奇心开始减弱，职业敏感度和情感投入度开始降低，工作的外部压力有所缓和，职业安全感有所增加，他们开始习惯于运用自己的经验和技术来应对日常教育教学工作所遇到的问题，在工作中出现更多的思维定式和程式化的经验操作行为。

职业高原期

在这个阶段，尽管教师们都有进一步发展的意愿、动机和努力，但其工作任务重，受干扰的因素多，精力容易分散，表现出发展速度不快、水平提高缓慢、专业发展不尽如人意的特征。教师对专业发展的态度也出现了分歧：有的满足于现状，转向对生活的追求；有的不能向上突破退而求其次，工作进入应付和维持状态；有的尽管希望在专业发展上有更大的突破，但在发展道路和策略的选择上处于迷惘和困惑的状态。教师开始出现程度不同的职业倦怠现象。上述各种因素导致教师专业发展进入了一个漫长的以量变为特征的高原期。

突破高原期是这一阶段教师的共同任务和普遍追求。要突破高原期，既要解决知识与技能、过程与方法的问题，也要解决情感意志价值观的问题。为此，要客观冷静、科学理性地认识和对待高原现象，不急不躁，练好内功；要进一步增强专业发展的自主意识，树立积极的工作态度，不仅把教师工作当做一种谋生的职业，更要使之成为自己所热爱的事业，树立理想，坚定信念。

反思性教学是突破高原期比较有效的方法，具体分为以下三步：

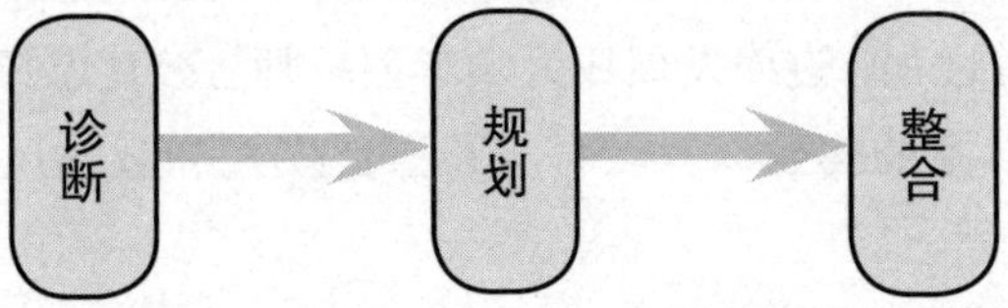

第一步是诊断，即通过对自己的教育教学和管理工作进行诊断、分析和反思性实践，查漏补缺，找到不足点；扬长补短，追求发展的边际效应。

第二步是规划，即对自己的职业生涯进行合理设计，明确专业发展定位，制订专业发展规划。

第三步是整合，即通过建立反思性研究团队形成支持专业发展的氛围，通过专家的指导和引领与自主发展意识和技能的培养来实现理论与实践的转化与整合，构建起富有成效的教育行动理论，使自己成为准学者型教师，实现高原期的突破。

（四）成熟与维持时期

这一时期的教师表现出明显的稳定性特征，同时也因其资深的工作经历、较高的教学水平和较为扎实的理论功底而成为当地教育教学领域的领军人物。在这一过程中，就出现了几种分化发展的现象：有的教师满足于现有的教育教学水平，以为自己功成名就，该是享受人生、享受生活，甚至赚钱养老的时候，因而精力分散、兴趣转移，不再愿意从事艰苦的创新性的教育教学和研究工作，这种专业发展态度的转移导致其出现了大量的维持行为，严重的甚至出现了“退化”“缩水”“名不副实”的局面；也有的教师尽管“烈士暮年，壮心不已”，有继续发展的想法和行动，但受到个人的生活环境、工作经历、学术背景、教学个性、知识结构、能力水平、兴趣爱好及气质性格的限制，难以摆脱原有经验和框框的束缚，难以自我超越，客观上也表现出跟原有水平相差不大的维持特征。这时，教师要学会系统思维与自我超越，要有与时俱进、开拓创新的精神与永不满足、勇攀高峰的态度，要以科学研究项目为载体，加强原始创新、集成创新和引进消化创新，或者创建一套在实践中切实有效的操作体系，或者在理论的某一方面建言立论、开宗立派，构建起自己的教育理论体系，成为某一领域的学术权威，从而完成从学习到整合、从整合到创造性应用、从应用到首创的这一质变过程，进而发展成为学者型教师。教育思想观点的形成、某种教育理论体系的构建以及教育实践操作模式和教学风格的形成是其标志。

（五）创造与智慧时期

学者型教师继续努力，就要以智慧型教师为专业发展的方向。这时，教师的哲学素养的高低、眼界的宽窄就成为其能否发展的重要因素。教师个人的教育理论发展能否找到一个更加合理的逻辑起点，建立在一个更高的思想层面上；能否从单一的实践经验和教育理论学科角度转移到系统科学的研究上；能否建立自己的教育哲学体系和教育信仰，就成为关键因素。理想的结果就是成为真正的教育家：既有自己的原创性的理论体系，又建构起相对应的实践操作体系，二者水乳交融。其核心标志是具有普遍意义的教育哲学体系的建立和教育理论体系的集成。

教育智慧是良好教育的一种内在品质，表现为教育的一种自由、和谐、开放和创造的状态，表现为在真正意义上尊重生命、关注个性、崇尚智慧、追求人生丰富的教育境界，是教育科学与艺术高度融合的产物，是教师在探求教育教学规律基础上长期实践、感悟、反思的结果，也是教师的教育理论、知识学养、情感与价值观、教育机智、教学风格等多方面素质高度个性化的综合体现。教育智慧在教育教学实践中主要表现为教师对于教育教学的工作规律性把握，创造性驾驭和深刻的洞悉、敏锐的反应以及灵活、机智应对的综合能力；在理论上表现为摆脱传统的经典教学体系的束缚，在价值取向上表现为摆脱功利诱惑。它以追求人类自身的全面和谐发展为目标，站在教育的原初意义上来思考教育的终极问题，充分考虑教学的多样性、复杂性、特异性、灵活性、开放性、生成性、选择性和时代性，吸纳人类最新的理论成果和实践智慧，完成对传统教育理论体系和实践操作模式的超越；站在教育哲学的高度，用理性的眼光和宏观的视野，审视现实教育发展的需求和人类发展的目标，把握时代发展的趋势和教育发展的规律，实现教育思想的创新，创造性地构建起一个集人类教育智慧于大成的教育思想体系，促进人类自身更加完善自由的全面发展和社会的和谐优化，引导人类走向更加灿烂的明天。

三、教师提升专业素养的步骤

（一）自我规划

教师要想提高专业素养，首先要学会自我规划，即制订适合自己发展潜力和需求的专业发展规划。专业发展规划的制订是教师追求自主发展、自我实现的重要环节。有目标才有动力，也才会赢得成功。有效的专业发展规划应当包括：1. 全面充分地认识自己，对自己的能力、兴趣、需要等个性因素进行全面的分析，充分认识自己的优势与缺陷。2. 分析专业发展的环境因素，把握专业发展的大方向，抓住专业发展的机会。3. 确定现实的专业发展的路径和目标。4. 制订专业发展的行动方案。5. 对自己的专业发展规划进行深刻的反思，并及时地进行调整。

（二）亲近阅读

智慧课堂

记得有一次在实习课上，一个小男孩突然站起来问我："老师，宇宙中到底有没有外星人？"我一听就傻了眼，因为平时只注意看一些学习方面的书，却很少看一些科普读物，所以这方面我一点儿都不了解。我只好抱歉地告诉他："对不起，老师也不知道。"他失望地低下了头。看着他那失望的样子，我忽然灵机一动，对他说："放学后我们一起去图书馆找这方面的资料，好吗？"他抬起了头，高兴地回答："好！"

这件事情对我的触动很大，我记得以前人们经常说：一个老师如果要教给学生一杯水，自己就必须要有一桶水。确实，作为一个教师，应该有丰富的知识，这样才能满足学生的求知欲望。然而，现在我觉得这句话应该变一下了，因为现在学生的求知欲越来越强，已远远超过了一杯，而是一桶、一缸，甚至更多。这就对教师提出了更高的要求，可教师的精力毕竟是有限的，不可能掌握所有的知识。所以我认为：教师应该是条大河，一头连接着知识的海洋，另一头连接着学生们求知的涓涓细流；教师应该是个开渠者，是个引水者，让学生求知的涓涓细流变得更宽、更广。

亲近阅读是现代教师获得源头活水的最佳渠道，也是提高教师自身素养的最有效的途径。现代信息技术的发展，使教育教学的时空进入了"宽带网"，阅读就成了教师最起码的职业底线。一个教师如果平时不亲近阅读，不做精神世界的"美食家"，就无法满足学生的需求，教育教学中就会捉襟见肘。教师要把阅读作为终身的备课，乐于和书籍交朋友，做一个学习型的教师。教师的阅读要广泛，不仅要读孔子、陶行知，也要读夸美纽斯、苏霍姆林斯基；不仅要读本专业的书，也要读文学、哲学、美学、教育学、传播学、管理学等方面的书；不仅要读成人的书，还要适当读读孩子们的书；不仅要读书籍，还要读杂志、读网络。所以从某种意义上来说，教师应该成为"杂家"。教师要耐得住寂寞，要把阅读当成提高素养的一道精神大餐。

（三）专业对话

专业对话是指教师在专业领域里，与同仁交流、切磋和研讨教育活动涉及的各个方面。这也是提高教师专业素养的有效途径。专业对话包括直接对话和间接对话两种。直接对话就是教师直接与专业同仁进行面对面的对话，如与教育专家、教育研究人员、教育行政人员对话，但更多的是与身边教师对话，包括与各科教师对话，即通过对话和相互研讨、争鸣，共同受益。间接对话是教师借助一定的媒介所进行的对话。网上交流是教师间接对话的一个平台，教师可以借助教育网站上的论坛亮出对教育教学的看法，提出遇到的各种问题，与同道碰撞、交流；也可以对别人提出的问题进行思考，阐述自己的见解。教育期刊也是间接对话可借助的一种媒介：教师通过投稿、参与征文活动，研讨教育教学中的问题，发表自己的见解，促进自身专业素养的提高。

（四）走向实践

教育教学从本质上说是一门实践的艺术。大凡成功的教师，都很注重学习基础上的实践。教师专业成长的第一步是把书教好，让学生喜欢你。要做到这一点，就要研究课堂教学实践。课堂是教师的试验田，教教师务必立足课堂、立足学生、立足教材，把先进的教育理念大胆地运用于自己的教学实践中，积极探索教育教学规律，提升自己的专业实践能力。走向实践的另一层含义是教师应该积极参与教育研究。教师即研究者，是教师专业发展中的一个重要理念：作为教师，应该树立研究意识，通过做课题、做实验，走向实践的前沿。

（五）教学反思

教学反思是教师以自己的教学活动为思考对象，对自己的教学行为、决策以及结果进行审视和分析的过程。反思的本质是一种理论与实践的对话，是理想自我与现实自我在心灵上的沟通，它是一种通过提高教师的自我觉察水平来促进其素养提升的手段。现代教师专业发展研究认为，经验加反思是教师专业成长的有效途径。这是因为当教师取得了一定的经验和成功之后，很容易出现停滞性的“高原反应”，只有不断进行自我反思，才能突破“高原反应”，实现新的发展。反思有回顾性的“实践后的反思”，有过程性的“实践中的反思”，还有前瞻性的“实践前的反思”。教师的反思既包含反思教育理念、教育理论，也包含反思教育实践、教育成果。反思的有效方式之一就是教师结合自己的教育教学实践开展研究，如写教后笔记、反思日记等。

15. 写好教研论文

> 教而不研则浅，研而不教则空。

在新课程改革的背景下，“教师即研究者”已成为时代对教师的起码要求，一个教师不仅要会把书教好，把人育好、而且还要有一种研究的素养。其实，我们有着得天独厚的研究优势：我们自始至终都生活在教育教学的现实场景之中，我们的所思、所想、所感、所悟就是教育教学科研活动的最直接的表现方式。所以，只要坚持教学研究的主体意识，秉承积极应对独特问题的勇气和智慧，去观察、去研究、去探索、去尝试、去反思，那么在教育教学实践中闪耀出来的思想火花、真知灼见就必将成为教研论文取之不尽的源头活水。

一、教研论文的基本特点

（一）学术性

教研论文是科研成果的载体，是进行科学研究后形成的产品。它侧重于对教育现象进行抽象、概括的叙述或论证，其内容是系统性的、专门化的，因而，这种文体必然具有很强的学术性。它不是教育现象的外部直观形态和过程，而是教育发展的内在本质和发展变化的规律。

（二）科学性

教育科研的任务是要揭示教育发展的客观规律，探求客观真理，建立和丰富教育理论。这就要求教师要尊重客观事实，不能带有个人偏见，不能主观臆断或凭空说教：在立论上，应从实际出发，从中引出切合实际的结论；在表述上要准确、明白、全面，无懈可击。如果失去了科学性，也就不能称其为教研论文了。

（三）创造性

教研论文要求作者要有自己的独到见解，要能在对教育领域的现象进行观察、调查、分析、研究的基础上发现别人没有发现或没有涉及的新问题；能对别人研究过的问题采取新的角度或方法，提出具有理论意义或实用价值的新观点、新结论；能在综合前人研究结果或经验的基础上加工提炼，发掘新意，从而提出新思想、新方法。

二、掌握教研论文的选题艺术

教研论文的选题是很广泛的，教师最好选择与自己的教育教学实际相关联的话题来研究。有人提出了教育科研的五个理想选点：

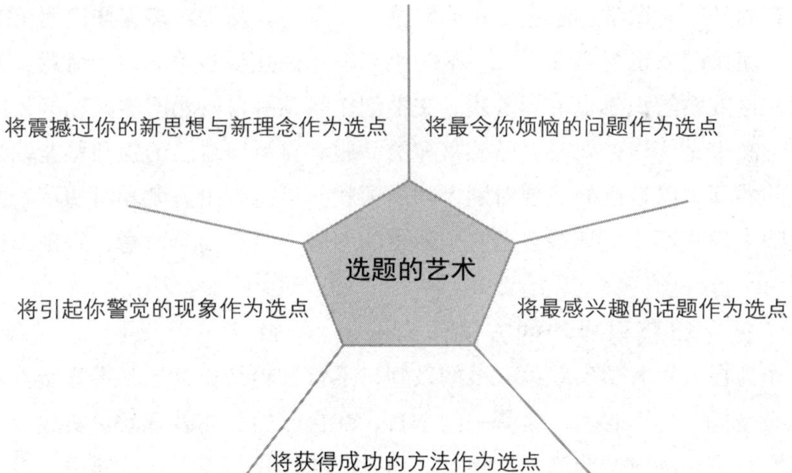

（一）将最令你烦恼的问题作为选点

我们在平时的教育教学过程中，总会碰到一些深感烦恼的具体问题：本来以为很简单，结果花了九牛二虎之力，怎么也解决不了；或者本来以为早已解决了，可回过头来一看，问题还很严重；或者本来以为应该是这样解决的，可实际上这样做根本无法解决……每一个教师都会在自己的实践中碰到烦恼，有时还会深感头痛和沮丧。这些问题你也许曾经碰到过，但有没有想过把其作为教研论文的内容呢？其实，这些都是很好的研究内容，都可以写成论文。写教研论文的重要目的之一，就是要解决教育教学实践中的烦恼。我们可以把“烦恼”深入系统地剖析一下，提出一些解决烦恼的建设性的意见。当然，以烦恼的问题作为选点，要尽量考虑这个问题的普遍性；分析原因时要抓住问题的本质，点到关键穴位；提出的方法要力求新颖独特而有效。

（二）将最感兴趣的话题作为选点

教育和教学的内涵是非常丰富的。面对丰富的内容，每一位教师都会有感兴趣的一个或几个方面，比如：有的教师对古典诗歌的教学特别感兴趣，有的教师对做学生思想工作非常擅长，有的教师则对多媒体使用情有独钟，使用起来也得心应手……平时感兴趣，往往会多关注、多留意、多思考，这方面的积累也可能多些。文学创作强调写自己熟悉的人和事，写教研论文也是这样，要写自己感兴趣的话题和材料。自己的强项可能就是别人的弱项，以自己的强项对别人的弱项就有可能胜出。尤其对初写论文的教师来说，不要写那些自己完全陌生的内容，更不要赶时髦，否则，很可能白辛苦一场。

（三）将获得成功的方法作为选点

作为在教育教学实践第一线的教师，不管教龄是长是短，不管所教年级是高是低，也不管教的是哪一门学科，在自己的具体教育教学实践中，肯定会有成功的时候或满意的地方。面对成功，我们可以认真地想一想：为什么会成功？类似的成功还有没有了？这类成功的意义在哪里？怎样继续和拓展这类成功？要把它们上升到理性的高度。

抓住成功的细节

比如被评上了优质课，获得了“教学能手”的称号；比如某一个问题设计得很好，一下子打开了学生的思路；比如某一个教学环节过渡得自然而巧妙；比如对学生的一个难度较大的质疑解答得非常得体；再比如一句课堂点评激起了学生的一片笑语……这些虽然是细枝末节，但都是一种成功。

教研论文的另一个重要目的，就是积累、梳理、总结、升华自己在实践中摸索出来的成功经验，让别人检验和借鉴。因此，我们要注重反思和积累，一节课或一个内容教完之后要坐下来冷静地想一想：在哪一点上比较成功？为什么会成功？如果能经常这样反思和积累，不但能拥有更多的写作材料，而且也有利于课堂教学实践能力的提高。

（四）将引起你警觉的现象作为选点

教育和教学都是动态的，会随着社会的发展而发展和变化。这不仅发生在教师教的层面上，也发生在学生学的层面上，原来你觉得这样是对的，现在觉得这样并不对；原来是没有这种状况的，现在有了；由于受到某种思维和理念的影响，某种现象慢慢消失了，有的现象原先有，但不大明显，而如今越来越明显了；等等。现象的出现与消失往往是不留痕迹的，有时更像“小荷才露尖尖角”。作为教师，不论是对自己的实践，还是在听别人的课，都要有敏感和机智的头脑，要善于捕捉和思考，要不时问一问：为什么这种现象会出现或消失？这种现象的背后能折射出什么深层的问题？

发现和审视新的现象，也是教研论文的内容之一。捕捉新的现象，需要敏锐观察和冷静思考。当然，更需要提高自己的认识能力，需要有一针见血的穿透力。

（五）将震撼过你的新思想与新理念作为选点

在我们这个时代，物质文明的进程极其迅速，同时精神文明的进程也非常快。可以说，这是一个既出物质产品也出精神产品的时代。教育作为意识形态的重要组成部分，新的思想和理念更是精彩纷呈，不断地涌现出来。在学习和交流过程中，经常会有一些新的思想和观念撞击我们的大脑：有的思想和理念我们可能会不以为然或难以接受；但也有一些思想和理念可能会引起我们猛烈的震动，给人豁然开朗、眼睛一亮的感觉，或者给人无比的欣慰和认同感。当我们接触到这种震撼过自己心灵的新思想、新理念时，不妨把它运用于自己的教育教学实践中，用自己的亲身实践来验证新的思想和理念。运用和验证新思想、新理念同样是教研论文写作的一个重要内容。

三、教研论文的写作技巧

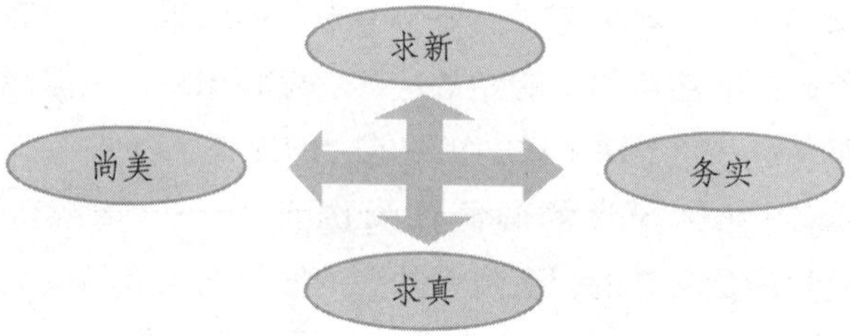

（一）求新

即选题新颖，体现出时代特点与创新要求，有价值，有实效，不落俗套，别有创见。具体要求是：

1. 观点新。对教育规律有新发现，形成新的经验、观点、体系，有突破性发展。

2. 材料新。对正在形成的某种观点或思想能用最新的材料和事实加以说明。

3. 方法新。在框架组织、论证方法上有新意，写法灵活。

4. 角度新。对同一材料用不同的观点、从不同的角度去观察，并从中发现新的意义。

（二）务实

教育科学是一门实践性很强的科学，要有很强的问题针对性和现实指导性，故教研论文也须根据现实需要而作。具体要求是：

1. 内容属于教育改革与发展中提出的重大理论问题或实际问题。

2. 内容反映社会关注的教育热点问题或老大难问题。

3. 内容针对某一教育现象的本质和产生根源作出深入、准确的分析。

4. 文章有重要的决策参考价值和实践应用价值。

（三）求真

教研论文内容要符合教育客观规律和教学实际情况，具有科学性。具体要求是：

1. 科学性强，学术品位高。

2. 材料典型，能反映事物的本质和规律，有说服力。

3. 论证的材料和方法讲究科学性，得体、全面、准确，以理服人，能用辩证唯物主义和历史唯物主义观点分析教育现象，阐明教育原理，提出科学见解。

（四）尚美

教研论文还要有吸引力、可读性和感染性，做到学术价值、实用价值、审美价值的统一。具体要求是：

1. 思路清晰，中心突出，逻辑严密，主次分明。

2. 结构严谨，布局合理，取舍得当，完整统一。

3. 信息量大，涉及面广。

4. 文字精美，质朴无华，生动形象，言简意赅且无懈可击。

四、如何把握教研论文的写作规范

一篇规范的教研论文一般包括以下几个部分：

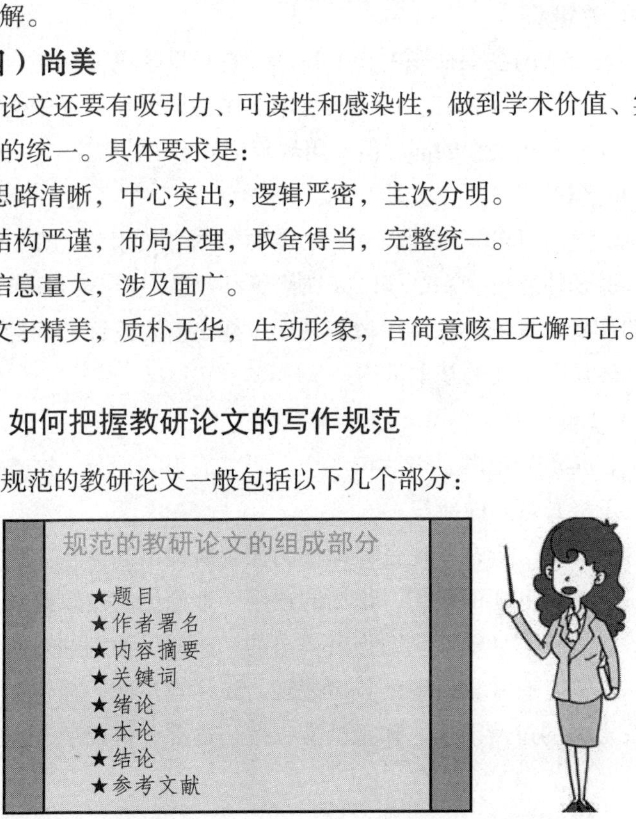

（一）题目

题目是论文的窗口，它是论文内容的高度概括，论文通过它传神韵、显精神、见水平。好的论文题目能反映出作者研究的方向、成果、内容、意义，显示出全篇论文的格调、色彩等。因此，论文题目一般要求既能表达论文的基本精神，又要简洁、精练、便于分类。

（二）作者署名

文章署名是作者文责自负和拥有版权的标志。

（三）内容摘要

摘要是指用简要的话将文中的主要观点和研究结论介绍给读者。较长的论文需要有内容摘要，以便读者能迅速了解全文的概貌，以确定有无阅读价值。写作时要注意：一是文字要简练，一般以 200~300 字为宜；二是内容要全面，重点要突出，使读者对论文的主要结构、主要论点一目了然。

（四）关键词

关键词是全文的主要命题的核心概念，它是反映论文主要内容的名词性术语。每篇论文一般要有 3~8 个关键词。关键词可在标题中选择，也可在论文中选择具有代表性的词，但要用规范词或术语。

（五）绪论

即引论，这一部分一般要概述三个方面的内容：第一，提出课题，说明研究这一课题的理由、意义；第二，交代研究背景，提出需要论证的问题；第三，说明作者论证的方法和手段。其中，提出需要论证的问题是绪论的核心部分，体现着全文的基本价值。

（六）本论

即正文，是展开论题、表达作者个人研究成果的部分。这部分是论文的主体，处于极其重要的地位。

写好这部分，关键在于论证，即证明作者所提出的论题。这部分包括论题的提出，解决问题的设想，论据的选用，理论上的逻辑推理及得出的结论，等等。要特别详细地阐明作者提出的、新的、独创的东西，这是论文的学术水平高、有学术价值的具体表现。要注意主次，抓住关键，并考虑好段与段之间的过渡衔接。如果论文较短，这部分可以一气呵成；如果文章较长，为了统领内容和方便阅读，这部分可分章、节或冠以大小标题，或使用不同的序号加以显示。

（七）结论

这部分要对正文中分析论证的问题加以综合，概括出基本点。结论是研究结果和理论分析的逻辑发展，是课题的答案，是全篇论文的归宿。结论的语言要严谨、明确、简洁。

结论是教研论文的结束部分，是在本论部分和论证的基础上发展的必然结果，因此必须和本论有内在联系。结论所表述的主要内容是作者对研究对象提出的总结性的方法，是对本论中的主要问题所作的科学性概括。因此，要注意避免同本论的简单重复，要使认识更深入。

结论常用的写法有以下几种：

1. 总结式：综合归纳全文，得出结论。这个结论往往会是全文的中心论点。

2. 评论式：在全文论证的基础上，在论文末尾写出作者对成果或作品的总的评论。

3. 问题式：在论文结果用概括性的语言把问题集中提出来。

4. 建议式：通过本论对某个问题的论证，在论文末尾提出一个合理化的建议。

（八）参考文献

在论文的末尾列出在研究这一课题和撰写论文过程中，参考和引用了哪些文献资料。写上这一部分，反映作者的科学态度和求实精神；也表示作者对别人研究成果的尊重，防止抄袭之嫌；同时也反映了研究水平，可以给别人一些启发。

以上这八个部分，不是所有的教研论文都需要的，但至少要有四个部分，即题目、署名、本论（正文）和结论。对教师来说，建议多写教育随笔、叙事研究、行动研究类的论文。

16. 做好课题研究

一、课题研究如何选题

选题，是课题研究的第一步。选题水平是教师科研能力的重要标志，选题过程本身也是教师提高科研能力、走向专业化的重要一环。教师要有效地开展科研，必须首先学会如何选题。

（一）选题原则

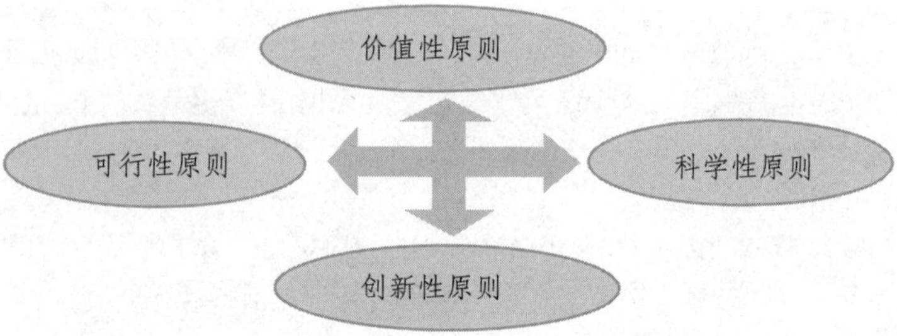

1．价值性原则

选题的价值性原则，是指所选研究课题必须要具备一定的评定标准的理论学术价值或实践应用价值。科学研究本身就是一种目的性和针对性很强的探索活动，这就要求作为科学研究起点的选题，必须符合教育科学理论自身发展的需要，利于验证、批判和发展教育理论，完善教育科学本身的理论体系；必须符合教育实践应用的需要，利于指导具体的教育教学工作，全面提高教育质量。

2．科学性原则

选题的科学性原则，是指所选研究课题必须符合教育科学理论及规律，必须具有明确的指导思想和科学根据。一方面，教师从自己的教育教学实践中直接选定的研究课题，必须具有丰富、可靠的事实依据和很强的针对性。另一方面，选题的指导思想必须是正确的、科学的，要有一定的科学理论作支撑，否则将经不起推敲，徒有立论而毫无意义可言。

3. 创新性原则

选题的创新性原则，是指所选研究课题必须具有新意，有独创性和突破性，也就是所选的课题是别人没有提出过的，或者是在别人研究的基础上提出新的观点，或者是解决别人没有解决的问题。

4. 可行性原则

选题的可行性原则，是指所选研究课题必须具备保证其正常开展并取得预期成效的现实条件。要充分考虑到整个科学研究过程的各种必要条件，包括主观和客观两方面的条件。主观方面的条件主要包括研究者自身的知识结构、理论修养、研究能力、科研品格、兴趣爱好等；客观方面的条件主要包括保证课题顺利开展的资料、设备、时间、人员、经费和必要的行政支持与研究时机等。

（二）选题路径

1. 从教育实践中选题

教育实践是课题研究的第一源泉。教师天天生活和工作在教育教学实践中，对教育教学的直接感受最多、最深。要充分利用自己的有利条件和优势，从课堂中、教材中、学生中、管理中寻找那些最实际、最有效的研究课题，使课题研究与教育实践和谐地统一起来。

2. 从社会需要中选题

当前，我国社会正处于迅猛的改革之中，它向教育界提出了一系列重要而迫切的研究课题，如素质教育问题、创新教育问题、减轻学生负担问题、教师的专业发展问题等。这些问题都有待于教师进一步深入地研究。

3. 从科学理论中选题

教育教学理论和同教育教学相关的理论，也是教师选择研究课题的重要路径。在我国，学科教育理论已具备雏型，但还未形成完整的科学体系。而与教育教学相关的学科虽然多已相当成熟，但随着时代的发展和学科的进步，任何学科的任何理论都会有新的空白点需要填充。这些正是教师应该关注的课题。比如以接受美学的理论为依据研究学生在阅读中的主体地位和作用问题、依据人类文化学学说研究教科书中的文化内涵和表现形式等。

4. 从学术信息中选题

当前，无论是在国内还是在国外，学术的发展变化都日新月异，新的信息有如潮涌，这也为教师的研究提供了极好的条件。新的学术信息主要来自两个方面：一是来自新概念、新理论；二是来自新事实、新动态。作为教师，要有一种研究者的敏感，及时捕捉新的信息，并将其与教育教学研究相联系，从中发现新的研究课题，使自己处于教育研究领域的前沿。

其实，选择课题的路径还有很多，如：从有关部门发布的课题指南中得到，从先进的经验和方法中提炼，从学科教育史料中发现，从个人兴趣特长中确立，等等。

二、课题研究怎样开题

课题研究的开题的关键是开题报告（课题研究方案）的撰写。一份完整的开题报告主要包括以下几个方面：

（一）课题名称

课题名称就是课题的名字。这看起来是个小问题，但实际上很多人写课题名称时，往往写得不准确、不恰当，从而影响整个课题的形象与质量。这就是人们平常所说的“只会生孩子，不会起名字”。那么，如何给课题命名呢？

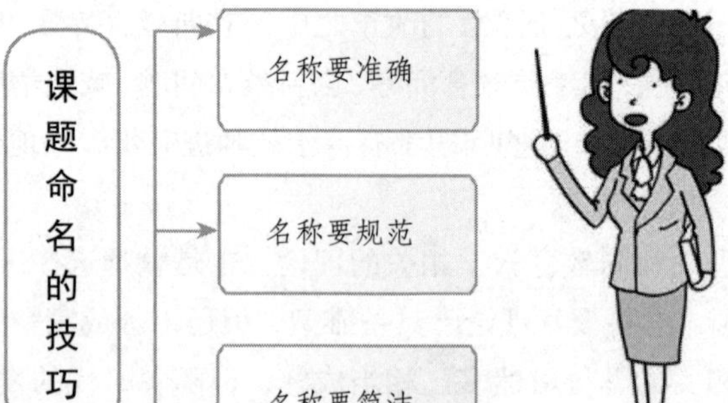

1．名称要准确。准确就是课题的名称要把课题研究的问题是什么和研究的对象是什么交代清楚。比如“小学生心理健康教育实验研究”，这里面研究的对象是小学生而不是中学生或者大学生，研究的问题是心理健康教育，研究的主要方法是实验研究。这就说得很清楚，别人一看就能看明白。而有些课题名称则起得不是很准确，比如，“学科教学中德育渗透的研究”这个名称就没有把研究的对象、问题说清楚：你研究的对象是中学生还是小学生、大学生，是所有的学科还是单指语文、数学等。总之，课题的名称一定要和研究的内容相一致，不能太大，也不能太小，要准确地把你研究的对象、问题概括出来。

2．名称要规范。规范就是所用的词语、句型要规范、科学，似是而非的词不能用，口号式、结论式的句型不要用。因为我们是在进行科学研究，要用科学的、规范的语言去表述我们的思想和观点。如“培养学生自主学习能力，提高课堂教学效率”这个题目，作为课题的名称就不是很好，因为课题是我们要解决的问题，但这个问题正在探讨，正开始研究，不能有结论性的口气。

3. 名称要简洁。不管是论文还是课题，其名称都不能太长，能不要的字就尽量不要，一般不要超过 20 个字。

（二）研究意义

首先要介绍国内外学者对此课题的研究情况。这部分内容要有理论方面的，也要有实践方面的。为此，要认真查阅资料，了解他人对本课题相关问题做过的研究，如研究的指导思想、研究的范围、研究的方法、研究的成果等。在此基础上阐明本课题研究要在哪些方面有所发现、创新，然后陈述本课题研究的目的和意义。总之，这部分要回答“为什么要研究这个课题”。

（三）研究目标

课题的研究目标就是课题最后要达到的具体目的，要解决哪些具体问题。相对于目的和指导思想而言，研究目标是比较具体的，不能笼统地讲，必须清楚地写出来。只有研究目标明确而具体，才能知道研究的具体方向是什么、研究的重点是什么，思路就不会被各种因素所干扰。

（四）研究内容

有了课题的研究目标，就要根据目标来确定这个课题具体要研究的内容。相比于研究目标来说，研究内容要更具体、明确，并且一个目标可能要通过几方面的研究内容来实现，它们不一定是一一对应的关系。有些教师在确定研究内容的时候，往往考虑得不是很具体，写出来的研究内容特别笼统、模糊，把研究的目的、意义当做研究内容，这对整个课题研究十分不利。因此，我们要学会把课题进行分解，一点点地去做。

（五）研究方法

科学研究除了要应用哲学方法和一般科学方法之外，还要有具体的研究方法、技术手段。这部分主要反映一项课题的研究通过什么方法来验证我们的假设，为什么要用这个方法以及要“做什么”“怎么做”。教育研究的方法很多，包括历史研究法、调查研究法、实验研究法、比较研究法、理论研究法、行动研究法等。一个大的课题往往需要多种研究方法；小的课题可能主要应用一种研究方法，但也可能会利用其他研究方法。

（六）研究步骤

课题研究的步骤，也就是课题研究在时间和顺序上的安排。研究的步骤要充分考虑研究内容的相互关系和难易程度，一般情况下，都是从基础问题开始，分阶段进行。每个阶段从什么时间开始，至什么时间结束，都要有规定。

（七）成果形式

课题研究的成果形式包括报告、论文、专著、软件、课件等。课题不同，研究成果的内容、形式也不一样，但不管形式是什么，课题研究必须有成果，否则，这个课题就没有完成。

（八）组织机构和人员分工

开题报告中，要写出课题组组长、副组长、课题组成员以及分工。课题组组长就是本课题的负责人。课题组的分工必须明确合理，争取让每个人了解自己的工作和责任，不能吃大锅饭。但是在分工的基础上，也要注意全体人员的合作，大家共同研究，共同商讨，克服研究过程中的各种困难。

（九）设备条件和经费预算

任何研究都需要一定的设备条件和研究经费，教育研究也不例外。对课题研究有价值的资料，如有关测验题和问卷题等研究工作与材料、经费预算及设备条件的需要必须写清，但要实事求是，不能多多益善、胡写乱要。

三、课题研究结题应注意的问题

（一）结题所需的材料

教育科研课题结题是整个课题研究的工作总结，是对研究成果的鉴定。一个教育科研课题的结题工作，一般需要准备如下材料：

1. 结题申请报告；
2. 课题立项的申报报告；
3. 课题立项的批复通知；
4. 课题研究的阶段性总结；
5. 课题研究的终结性结题报告；
6. 附件：课题研究的成果、课题研究的有关材料等。

（二）结题专家组构成

对一个课题的结题，主要是对这一课题的成果进行鉴定，所以，结题也需要成立一个专家组，以完成对课题成果的鉴定工作。专家组一般由学科专家和具有一定科研能力与水平的人员构成，也可以与课题组协商确定人员构成。

（三）结题材料的提交和审阅

1．结题材料的提交

在提交结题申请报告后，经上级主管部门进行审核，同意后即可提交结题材料。在提交结题材料时，一般要使专家组成员人手一份，以利于专家组对材料的审阅。

2．专家组审阅结题材料

在收到课题组提交的结题材料后，由专家组对结题材料进行审阅。一般而言，专家组主要是审核材料中对课题的研究情况，主要包括以下几个方面的内容：

1. 课题的选题意义如何；

2. 课题的研究设计是否科学、合理；

3. 课题的研究过程（包括管理过程）是否科学；

4. 课题的研究方法是否正确，特别是有关变量的投放、控制、资料和数据的收集是否科学、充分等；

5. 课题的研究成果如何，特别是有无充分的数据、对资料加以说明和论证（包括定性分析和定量分析）所取得的成果以及课题研究成果的价值如何等；

6. 课题研究的特点有哪些；

7. 课题研究还存在的问题与对课题的进一步研究有什么建议等。

专家组在完成上面几个方面的工作后就可以要求召开结题论证会议了。

（四）召开结题论证会议

在专家组审阅完结题材料后，就可以召开结题论证会议了。结题论证会议一般由专家组组织召开，由课题组负责提供会场及会议接待工作。

结题论证会议的议程一般如下：

1. 专家组听取课题组对课题研究的简要说明或简要介绍，也可以对结题材料进行补充说明。

2. 如有必要，专家组也可以进行听课、到有关科室查阅核实有关数据、召开小型教师学生座谈会等。

3. 在专家组完成听课或召开小型座谈会、听取课题组的简要介绍后，就可以要求课题组就课题研究的有关问题进行答辩了。

4. 在完成答辩后，专家组召开会议，进一步讨论对课题成果的评价。

5. 专家组向课题组公布及提交对课题研究成果的评价结果，专家组的评价结果可以作为课题研究的成果认证依据，也可以作为有关科研评奖的依据。

四、教师搞好课题研究的步骤

（一）确定研究问题

这是课题研究的开端，也是课题研究的关键性的一步。课题研究要关注各种富有意义的教学现象、事件，更强调在研究中体察教育中的特殊行为或思想现象。课题研究的问题应是具有研究意义的教育现象、事件。它包括两重含义：一是该问题使教师在教育教学活动中产生困惑；二是该问题是普遍现象或典型问题，对教师具有实际意义。确定了研究问题，教师的课题研究才有了方向。

（二）筛选研究对象

筛选研究对象是课题研究顺利开展的保证。选择研究对象不仅与问题的典型性有关，更与师生的沟通密切相关。课题研究的对象可以是课堂，也可以是学生；可以是群体，也可以是个体。教师要根据自己的课题目标，有效地确立具体的研究对象。

（三）进入研究情境

能够直接进入教学情境是课题研究的捷径和优势所在。对情境进行研究的过程，就是教师自身进行教学活动、了解研究对象的过程。这是教师获得真实资料的第一来源。对于课题中的个人研究，自己就是教学情境的组成部分，自然可以得到原汁原味的资料；对小组研究，可以通过设计教学方案、备课、听课、评课等教研活动获得资料。

（四）分析研究资料

课题研究离不开对具体教学问题的分析、研究。这个过程既是教师进行反思的过程，又是教师与这些教学现象、事件进行对话的过程。教师每一次分析、研究资料的过程，都是与文本进行新一次的对话，都会产生新的认识和感悟，进而寻求合理的意义解释和问题解决方案。当然，分析研究资料的特别要注意避免主观臆断和闭门造车，要让资料说话。在这个过程中，教师要将搜集到的资料编排成有序的现象、事件，让结论在动态的教学与分析研究中生成。

（五）撰写研究报告

研究报告是对所做工作的概括性归纳。它既包括对现象、事件的叙事性描述，又包括对现象、事件的论述性分析、研究和展望。课题研究报告需要翔实细致地展现问题及其产生原因、解决方案等，从而指导实际教学，助推教师专业发展，真正促进学生的全面发展。

3

SHISHI YOUXIAO KETANG GUANLI

实施有效课堂管理

17. 纠正低效教学行为

课堂教学由诸多环节组成，只有各个环节优化了，各个细节的效率提高了，整个课堂的教学效率才会提高。下面列举一些课堂教学中常见的低效行为以及相应的解决策略，供大家参考。

一、课前准备仓促

课堂片段

上课铃响后，教师缓缓走进教室。随后，一些学生气喘吁吁地跑到自己的座位，急忙从书包里取出课本、练习册及学具；一些学生难以抑制兴奋之情，与同学谈论着课间的游戏活动。教师大声喊道："安静！安静！开始上课了。"但课堂上仍然是一片嘈杂。教师无奈，只好等学生的情绪平静下来后才开始上课。

对于学生来说，从课间自由活动状态进入上课状态，需要有一段过渡时间。为了提高课堂教学效率，教师应该将这段时间前移。比如：教师可以提前 2~3 分钟进教室，这样学生也会相应地提前一会儿进教室，做好课前准备工作。教师可以利用课前这段时间与学生沟通，了解学生的学情，拉近师生之间的心理距离。这样，上课铃响后，学生就可以很快进入学习状态，从而节约宝贵的课堂时间。

二、时间安排不合理

课堂片段

教师上课后先开始讲评上节课布置的作业。做对的学生得意忘形，左顾右盼；做错的学生则沮丧地低下头，生怕其他同学知道自己做错了。等所有的题目都讲完之后，课堂教学时间已经过去了一大半，教师开始匆匆忙忙地讲新课。

一般来说，一堂课的前 15 分钟，学生的注意力比较集中，教师应该利用这段时间讲授新课，而不是检查或讲评作业。而且，讲评作业会影响学生的情绪，特别是那些因做错题而挨批的学生很难静下心来学习新课。

三、教师课堂管理能力差

在课堂教学中，教师经常会遇到各种各样的课堂问题行为。如果处理不好，不仅会分散学生的注意力，而且会影响课堂教学进度。因此，教师应该学会一些常用的课堂管理技巧。

1. 非语言线索。对于轻微的违纪行为，教师可以采取各种暗示手段，比如：利用眼神、声调暗示学生或走到学生身边稍作停留等。

2. 消退策略。有时，学生的问题行为是为了引起他人的注意，所以他人的注意，即使是批评，也会强化这种行为。如果学生想通过课堂问题行为引起教师的注意，那么教师应对的最好的方法就是视而不见。

3. 转移策略。教师可以让有问题行为的学生回答问题，以此转移学生的注意力。

课堂片段

教师正在讲课，学生王某忽然举手报告："老师，张某在看课外书！"教师停下来，走向张某，说："张某，你怎么上课看课外书？"张某辩解道："我没有看课外书。""你的课外书还摆在桌上，难道王某还会冤枉你不成？""我只是翻了一下！""那也不行，现在是在上课！"于是，全班学生都不得不看这场师生对台戏。

在上述案例中，教师把原本很小的事件放大了，导致全班学生都把注意力转移到师生的争执上，这种做法显然欠妥。

四、课堂提问太随意

课堂提问是教师调控课堂的常用手段，但一些老师在使用时很随意。

为避免这种情况发生，教师要讲究技巧：

1．提问的“点”。一般来说，课堂提问要问在教材的重难点、知识的易错和易混点、学生的疑惑点与思维阻滞点、教材与生活的联结点上。

2．问题的类型。教师可以在阅读前提出导入性问题，在阅读后提出思辨性问题，在学生探究陷入困境时提出启发性问题，在学生讨论有争议时提出引领性问题，在发现学生认识有偏差时提出反驳性、质疑性问题，在学习新知后提出应用性、迁移性问题。

3．问题的清晰度。教师提出的问题应该尽量清晰、明确，将抽象问题具体化，避免出现含糊不清的问题。如果教师提出的问题太模糊，将会导致学生的回答偏离主题。此外，应该选择开放式提问还是封闭式提问、提问之后留给学生多少时间思考比较合适、对学生的回答如何评价等，也都是教师在课堂提问中需要注意的问题。

五、课堂练习安排不合理

课堂片段

教师布置了课堂练习，让学生在 16 分钟内完成。过了一会儿，一些已经做完的学生无所事事，开始搞起小动作，还影响到了其他学生。

课堂时间有限，因此，教师布置的练习应该精挑细选，有很强的针对性：既要有适合基础较差的学生的巩固性练习，又要有适合成绩中等的学生的应用性练习，还要有适合优秀生的拓展性练习。在上述案例中，教师只要让那些优秀生在完成第一项练习后，再做难度较高的机动作业，他们就不至于无所事事、浪费时间了。

课堂教学中的低效行为还有很多，如教学环节之间的衔接不自然、教师对学生的指导缺乏针对性等。一些教师已经意识到这些问题的存在，也积累了一些经验，但由于没有认真总结和提升，因此这些经验很快又被淡忘，课堂教学又被原有的习惯性行为所操纵。优化课堂教学，提高课堂教学效率，应该以教师总结、提炼日常教学中的有效经验，并将这些经验转化为教学习惯为基础。

18. 避免课堂冲突

在当今的信息社会中，由于知识状态的变化，教师权威不再由教师与知识的关系来决定，而是由教师与学生的关系来决定。教师是否有权威以学生是否接受他的影响为转移，它是在师生互动基础上形成的一种动态关系。知识获取对教师与学生之间面对面传授的依赖性正在减弱。

一、课堂冲突的界定

教师和学生在教育的互动关系中既有着一致、和谐与配合的一面，也存在分歧、对抗、冲突的一面。师生冲突是指师生因在目标、价值观、资源多寡等方面的差异而产生的对立、分歧和相互干扰的教育教学互动。

课堂冲突的普遍现状：

1. 教师误解学生，学生委屈、辩解，师生互相解释后解决。

2. 教师干预学生违纪行为，学生不执行。教师反复训斥或命令学生，学生拒不执行。师生双方互不相让、争执不下，致使冲突陷入僵局。

3. 对抗性冲突：发生冲突后，教师忍不住火气，化解不了僵局，不能平息冲突，失去了对自己的语言和行为的控制力，致使其言行出格，对抗性冲突就会发生。

对抗性冲突的表现形式有以下两类：

★学生表现为：武力示威，例如扔书本、拍桌子、摔饮料瓶、冲出课堂等。

★教师表现为：抢夺学生的东西，教师用力拉扯学生，把学生推（赶）出教室，打学生，等等。

对抗性冲突必然伴随着对抗性行为的发生，往往导致事态进一步扩大或冲突无法收场，给师生的身心造成很大的伤害，恶化师生关系，使教育教学难以进行。要修补这种师生感情裂痕需要成倍的精力，甚至有可能无法补救，成为永远的遗憾。

二、课堂冲突原因分析

（一）满足学生需要和教学方式之间的矛盾是主要原因

学生的需要可以说是减少限制，从课间学生那种欢呼雀跃的神态中不难得出这一结论。但学生的自由(学生心目中的自由并不是仅指课堂上可以随时向教师发问等，何况目前学生并没有完全享有这种自由)与传授知识的任务要受到的限制：教师必须完成教学大纲所规定的任务。因此，满足学生需要与追求高效率、高满足度的教学方式总存在一定的矛盾。我们只能最大限度地追求一种最佳的方式。这意味着在班级教学的实际运作过程中必须付出一定的牺牲，这种牺牲或此或彼、或大或小、或远或近。

> 教师和学生之间常有希望和欲望的冲突，无论这种冲突的程度如何隐而不显，它总是存在。
>
> ——沃勒

教师为了保证正常的教学秩序，就会强调严格控制，不惜采取批评、斥责、谩骂甚至体罚的手段来维持班级的纪律。这样，与学生不断增强的独立、自由、平等、民主的意识和观念就产生了矛盾，从而引发冲突。调查发现，在师生冲突的事例中，教师往往以权力者的姿态出现，大多数学生则表现为表面的服从，但其内心对教师充满敌意，甚至会出现“双重人格”。

当前，素质教育试图在两者的取舍之间找到一种最佳的方式。当然，这只是一种理论上的构想，在实际的运作过程中，每个教师在课堂上的表现都会存在相当的不同，如果教师能够寻找到一种最大限度地拓宽学生的“自由”空间，最大限度地提升学生掌握知识、发展自身的能力的教学策略，无疑将受到学生的尊敬和爱戴。

（二）师生之间的观念冲突和人际冲突是师生冲突的深层原因

师生之间的角色、地位存在很大差距。教师处于教育者、领导者、管理者的地位，是社会的代言人，在交往中处于优势的地位。一方面要维护既有的社会关系和文化，宣传社会规范；另一方面，又要考虑学生对社会的理解和情感，选择适宜学生接受的方式。教师与学生在价值观和道德观上也存在着很大的差距，因此有时学生对教师的表达方式不能接受，从而产生对立情绪，引起师生之间的人际冲突。教师与学生的这种内在对立，通常以学生在课堂上的问题行为表现出来。许多教师对一般“问题学生”存有偏见，导致其教育行为失当。他们认为管束“问题学生”的唯一原则就是要“狠”，必须压服他们，务必把他们的锐气“磨平”。而处于青春期的学生对与之发生冲突的教师、家长普遍抱有成见，主要以逆反心理的形式呈现。但很多教师却对学生这一年龄阶段的特殊心理现象认识不足，不能客观看待，更缺乏预设的应对策略。

（三）学生在课堂上的问题行为是师生导致教师与学生行为冲突的直接原因

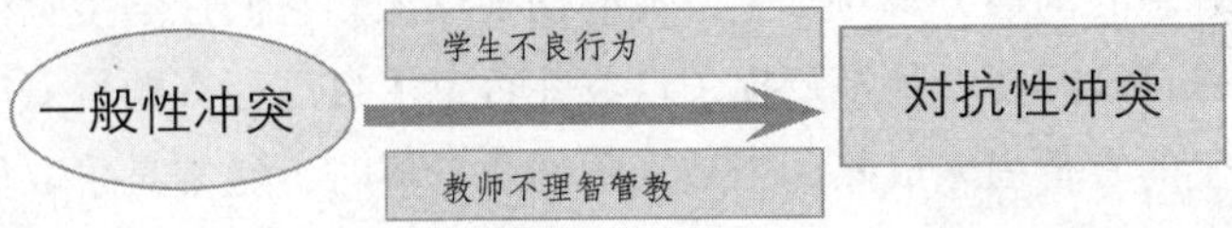

有的学生上课吃零食、讲话、看与课堂无关的书籍、玩手机、干扰其他学生听课，还有的学生对老师不满而故意作出挑衅行为。学生有了这些行为后，教师为了使自己的课堂教学顺利进行下去，为了提高学生的学习效率，就需要维护课堂纪律，因而必须采取一些适当的控制方法，如命令、训斥、惩罚、监督等，对学生加以管教。在管教过程中，学生的不服或教师的不理智行为会导致师生冲突由一般性冲突升级为对抗性冲突。

（四）家庭、社会中的某些不正确的认识、观念和不良的行为习惯是隐性原因

社会正经历着巨大的变化，竞争的加剧、节奏的加快、物质生活的丰富、超前消费、自我中心的影响冲击着青少年一代。他们稚嫩单纯的内心世界趋向复杂，心中的矛盾和困惑增多，有时甚至情绪紧张、焦躁不安，导致心理疾病。家长对独生子女的过度关爱导致了他们的许多问题行为，如任性、自私、依赖性强、娇气、骄横、不合群、不善交际等。同时，伴随着包办、终身制等文化强制性观念的消亡，人们的婚姻观念日趋开放，单亲家庭、再婚家庭数量的增加使这些家庭中的孩子的教育也面临着新的问题。

三、解决课堂冲突的对策和建议

（一）师生沟通时的八大禁忌

> 在师生沟通时，教师所使用方法应有“八忌”。“八忌”分别是：忌翻旧账、忌说教、忌命令、忌当堂斥责、忌高压威胁、忌刻薄讥讽、忌人身攻击、忌全盘否定。

这些禁忌的沟通方式对学生心灵的伤害最大，它们让学生觉得羞愧、懊恼，觉得自己无能，甚至贬损了自尊并否定了自己存在的价值。处于青春期的学生的心智尚未成熟，当被老师伤及自尊时，通常是采取负面的应对方式：他们认为，既然你认为我坏、笨，那么我就坏到底、笨到底给你看。或者他们进行强烈的言语和肢体上的反击，以牙还牙：你伤到我，那么我也不让你好过。仅有少数心智较成熟的同学会正面应对：会自省，并努力积极向上，不让老师看轻自己。

（二）处理课堂冲突的具体策略

教师在处理课堂突发事件时，首先是要有爱心和耐心，其次是要讲究艺术和方法。教师不要轻易认定学生是故意捣乱，更不要动不动就发脾气，采取呵斥、赶出教室之类的处理办法。那样去维持课堂教学秩序，好像也有效，但对课堂气氛、师生情绪的影响很大，对教育教学效果也有直接的负面影响，因而是不可取的。

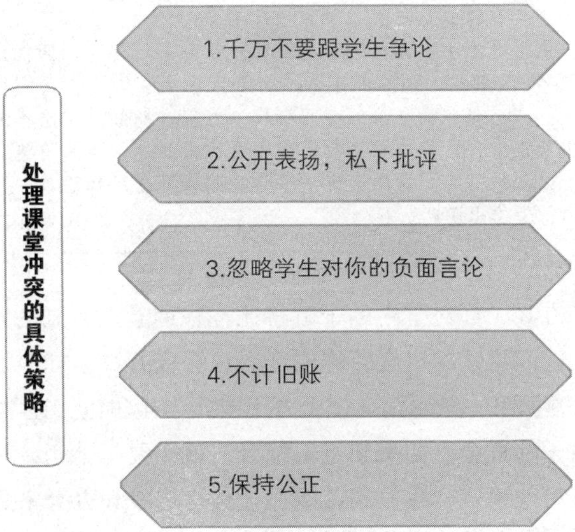

1．千万不要跟学生争论

孩子天生好争论，而且并不完全遵循逻辑和证据。因此，教师要避免跟学生争论。一些常用的语言可以帮助教师避免争论，比如“我不同意……”“我们对此意见不一”“尽管如此……”。你这样跟学生说话，会收到很好的效果。

不过，不要打击学生表达正当理由或作出有效推理的积极性。如果他们提出了一个好的论点，即便你不赞同，也可以将之提出来并且进行表扬。

2．公开表扬，私下批评

教师应该尽量为学生保留脸面，无论他是好学生还是“问题学生”。在全班同学面前公开对某个学生严厉批评很可能会使他愈加反叛。

教学案例

如果学生在课堂上出现了严重扰乱教学的行为，教师可以先把他请出教室，让他到走廊去等你出来跟他谈话。一开始，你可以问他：“你为什么在这里？”有时候，他真的不知道。如果学生立即为自己的行为辩解，你可以说：“一会儿我会给你时间解释，我现在想知道你清不清楚我为什么把你叫了出来。”知道自己有机会为自己辩护，学生的情绪通常会缓和下来。所以，教师应先对学生说出课堂规则以及违反的后果，然后让他们对自己的行为作出解释。

通过这种方式，你对学生的了解将比你在课堂上看到的增加许多。同时，由于给了他们说话的机会，你的声誉也会变好高。如果学生的解释微不足道，那么遵循第一条原则——千万不要跟学生争论，让学生回到教室，给他们挽回面子的机会。如果学生不配合，就需要把他送到校长办公室，你可以简单地对他说：“我只是希望在把你送进校长办公室之前跟你有一次谈话的机会。”这样，你在学生心中的威信便得到了维护。

3. 忽略学生对你的负面言论

教学案例

（1）如果学生在全班同学面前说：“这节课很烦人。”你可以说：“或许是这样的，但我还得教你们。”

（2）如果学生说：“我讨厌这门课，你是世界上最无趣的老师。”你可以说：“或许你讨厌它，但其他学生可能喜欢它，因此我还得继续教。”

（3）如果学生向你嚷嚷：“是谁告诉你你可以做老师的？”你可以回答说：“这个问题很有意思，下课后我会跟你讨论的。”

避免冲突的另一个有效策略是忽略学生对你的负面言论。你需要知道，当一个学生发出负面言论时，他的目的可能就是要引发冲突。因此，你最好不要接招。

4．不计旧账

这一条对教师和学生来说都是比较难做到的。如果教师首先做到了，学生相对就会容易做到一些。由于学生的行为表现缺乏稳定性，因此，你要让学生知道，他们在某节课上的行为表现，不会影响教师对他们的态度。教师不计旧账有助于减轻学生的心理负担，同时也向学生发出了一个信息——你只关注具体的行为，并不针对某个学生。即便你心里清楚有的学生会反复地犯同样的错误，每次批评也是针对事情而不是针对他个人。

5．保持公正

教师避免在课堂上跟学生起冲突的最佳方式是保持公正。很多教师习惯在课堂上袒护自己喜欢的学生。经常跟教师起冲突的学生总是在寻找理由惹麻烦。他们一旦发现有的同学犯了跟他们同样的错误，却没有被教师追究时，他们就会认为教师对他们不公，进而变本加厉地惹是生非。因此，无论是对平时表现最好的学生，还是对最难管教的学生，教师在执行纪律、政策时都应该一视同仁。当学生知道教师处事公正、不偏心时，他们就会对教师有更多的信任和尊敬，跟教师的冲突也会减少。

19. 远离课堂教学中五大忌讳

在课程改革的实验中，很多教师感到教材新的内容多：又是倡导合作探究，又是培养个性、健全人格。因此，一节课的教学计划、教学任务总是无法按时完成。如何解决这一问题呢？实践证明，教师只有在课堂教学中合理调配、巧妙运作、收放有度、惜时如金，不断提高课堂教学的效率，才能避免无谓的课堂消耗，既让学生学得扎实，学得轻松愉快，又真正让每一位学生都能得到发展。综合优秀教师的教学实践体会，课堂教学应注意“五忌”。

一、忌教学内容混杂凌乱

教学内容是课堂教学的血肉和骨干，在四十多分钟里，教师准备好的课堂教学内容要经受住学生的考验。课堂内容是一面旗帜，既要随风而动、亲切自如，又要始终保持鲜艳明亮，让人容易接受，忌混杂凌乱，让人抓不住重点。

案例分析

有的教师为了显示课堂的开放，个性的张扬，让学生看月亮、数星星、想象神奇的太空。顿时，整个课堂炸开了锅：有关太空的知识、故事飞扑而来，老师应接不暇、手忙脚乱，课堂热闹非凡。一阵忙活之后，老师才发现“底线不保”：既没有让学生实实在在地认几个字，也没有让学生真真切切地写几个字。

如果不对诸多教学内容进行突破、重组、整合，只是蜻蜓点水般顾及所有细节，一味地随着学生转，就会出现这样的局面：表面看似课堂教学内容丰富，教学步骤井然有序，时间把握争分夺秒，讲授分析面面俱到，实际上却是重点不突出，主次不分明，眉毛胡子一把抓，酸甜苦辣一锅煮，使看者眼花缭乱，听者云里雾里、不得要领。这种不顾效率、不求效果的课使老师吃力不讨好，浪费了宝贵的教学时间。

二、忌教学环节游离不清

课改实验中，课堂教学改革是“重头戏”。教师大都把课堂教学改革作为推进课程改革的主渠道。虽然课堂“活”起来了，学生的主体意识增强了，教学形式日渐活跃了，但我们发现，教师组织教学过程时随意性较大，没有把握好教学环节的有机衔接。

备课时要合理整合教学内容，精心设计教学环节，做到心中有数，形散而神不散，自然和谐，重点突破，不追求面面俱到，形成“活案”；在教学中要做到语言精练，灵活调控，巧妙“加减”，环环相扣，步步紧随，绝不拖泥带水。

三、忌教学用具面面俱到

随着教学条件的日益优化，教具的使用频率越来越高，档次也越来越高，从某种意义上讲，这是一个了不起的进步。科学合理地运用教具，其效果不言而喻；但如果对教具的使用不科学、不合理，就会产生负面影响。如：有的教师使用教具时不顾教材的特点，任意选用，求多，求新，求异，缺乏科学性和实用性，显得生搬硬套、牵强附会；有的教师纯粹就是图新鲜、摆花架子、哗众取宠；有的教师甚至是用教具来代替板书、讲课。

案例分析

有时教师亲自读一读语文课文，效果上会显得真切自然，讲解指导也会中肯、到位；一味用录音，让人感觉非常优美却难以企及。所以，语文课上用录音、录像、投影等现代教学手段，对学生接受新知识、拓展视野、产生联想可能有纯语言难以企及的效果；但如果过于依赖这些现代教学手段，效果就难以深入与持久。

教具的选用一定要科学、合理，依据教材的内容而定，该“出手”时才“出手”，绝不多用、滥用；而且使用多媒体设备教学时，操作要准确无误，要多设想几套方案。

四、忌教学语言贫乏低效

课改中，虽然提倡学生是课堂的主人、学习的主体，但教师的主导作用仍不可忽视，教师的语言艺术仍至关重要。教师切忌语言贫乏，生硬拉杂，呆板干瘪，“口头禅”严重，语无伦次，模糊不清，以免造成学生视听困难。

教师语言的修炼非常重要，教师一定要加强学习，提升自己的业务水平和文学修养，丰富自己的文化底蕴，充实自己的“语言库”，使课堂语言具有简洁性、针对性、丰富性、风趣性。

教师的自我修炼

备课时，要备好教学语言，必要时写在纸上，可自己对自己进行试讲，自己请教自己的耳朵，尽量使自己的语言“净化”“美化”；还可巧妙使用手势、眼神、身体动作等体态语言表情达意，暗示学生规范行为，使学生集中精力听讲，从而达到高效教学的目的。

五、忌教学板书杂乱无章

“字是文章皮”，教师的书写是一种很重要的基本功：不说写得如何好，但起码要规范、整洁，切忌杂乱。

案例分析

如果一堂课板书内容多，甚至重复，又“见缝插针”，整个板书杂乱、缺乏主题，犹如一张草稿纸，就会让学生看不清内容，体会不到板书的作用，甚至还会让学生产生厌烦情绪，严重影响学习效果。如果教学过程中教师总是引导学生朝自己准备的板书的方向走，这样既毫无章法，又浪费时间和精力。

一位教育家说过：“设计板书，我们要提倡简而明，反对多而乱，以免堵塞学生思维。”对于板书的设计，教师要了然于心，用意明确，字眼精练，可用线条组合来增加美感，达意传情，让学生一看就产生感悟，这样才能省时省力，收到事半功倍的效果。

课堂教学是一门科学，又是一门艺术，说起来容易做起来难。在课改实验中，我们必须把着力点放在提升教学魅力上，做到课堂教学朴实生动，既遵循其内在的条理和规则，又注意人与人的情感、兴趣、价值观的交流，体现课堂教学的艺术神韵。愿我们的课堂都充满艺术美，让我们的学生都享受到艺术美。

20. 达到课堂教学的三种境界

古今之成大事业、大学问者，必经过三种之境界："昨夜西风凋碧树，独上高楼，望尽天涯路。"此第一境也。"衣带渐宽终不悔，为伊消得人憔悴。"此第二境也。

"众里寻他千百度，蓦然回首，那人却在灯火阑珊处。"此第三境也。

——王国维

在教学实践中，真正的教育变革应该是发生在课堂里的，课堂教学应该成为我们落实新课程所有理念和目标的主渠道。在此，借用一下著名国学大师王国维先生有关词学研究的"境界"一语，谈一谈对新课程改革背景下的课堂教学的一点儿粗浅看法。课堂教学应该追求以下三种"境界"。

一、有效教学

课堂教学的第一"境界"也是第一追求，应该是"有效教学"，这应该是我们对课堂教学的一个基本期望和底线要求。如果不能保证这个底线，那么我们的课堂教学就应该被视作是失败的，甚至是对学生的一种伤害。因为"无效教学"和"低效教学"是对学生青春的一种伤害，是对学生生命的一种浪费。

我们都知道，学生在校园里的大部分时间是在“课”上度过的，我们的教育目标和教学任务主要是在这短短的45分钟内完成的。因而，上课是学生主要的校园生活方式，“课”是莘莘学子舒展青春、升华生命的重要过程和载体。这一节一节的“课”，构成了学生成长、成才、成功的人生历程，构成了学生探索、感悟、升华的生命旅途。然而，遗憾的是，一节“课”的时间只有短短的45分钟，学生一学期在学校的学习时间也只有那么短短的20周左右，具体到某一学科，课堂学习的时间就更少了。既然如此，我们能够无视“课”的效果和效率吗？我们能够在课堂上无视学生的生命存在，无视学生的人生体悟，无视学生的人格磨练，无视学生的能力生成，无视学生的知识掌握吗？

实施新课程改革以来，我们的教育目标和教学内容被提到了一个空前的广度和高度，“知识与能力、过程与方法、情感态度与价值观”，这三维目标的提出，并不是降低了教学要求、放松了质量期望，而恰恰是进一步丰富了教学目标，提高了质量要求。这些目标和任务，需要各学科教师在具体而又有限的课堂教学时间内去贯彻和完成。所以，我们在“课”中能没有课堂教学的效率观念，不考虑课堂教学的效果吗？

我们强调课堂的“有效教学”，就是要进一步增强教师的责任感，增强教师课堂教学的时间意识和生命意识，以避免课堂教学中出现“低效教学”和“无效教学”等有悖于我们的教育追求和教学规律的行为和做法，进而能够促进学生在各个方面都有所发展和进步，保证我们的学生有一定的提高和收益。

二、高效教学

“有效教学”仅仅是我们课堂教学的一个底线要求，仅仅是一个最基本的追求。如果仅仅停留在这个层面上，那是比较肤浅的。课堂教学还应该有更高的追求，应该追求“高效教学”。“高效教学”应该成为广大教师日常的一种切实行动和不懈追求。

高效教学

所谓“高效教学”，就是要最大限度地发挥课堂教学的功能和作用，即在课堂45分钟内最大限度、完美地完成教学任务、达成育人目标，在课堂有限的教学时间内最完美地实现教育教学的三维目标整合，以求得课堂教学的最大效益。我认为，我们平时所说的“轻负担、高质量、向课堂教学要效益”，就是“高效教学”这种课堂教学理念的折射和反映。

“高效教学”不应该仅仅是指知识的传授、技能的增进，而且还应该包括“情感、态度与价值观”等方面的要求。其显性标志应该是：课堂教学既要有课程内容选择上的广度和深度，又要有课程实施安排上的密度和适度，还要有课程组织落实上的力度和效度。也就是说，“高效教学”的课堂要做到信息储备量大、思维含量高，情感培育要真正触及人格与灵魂。

三、魅力教学

我们的教学一定要做到“求真务实”。所谓“求真”，就是要求教育教学规律之真；所谓“务实”，就是要务教育教学效果之实。我觉得，“高效教学”应该成为广大教师的教育理想和现实追求。我还主张，我们的教学应该做到“与时俱进”。所谓“与时俱进”，就是指在课堂教学中，我们要不断自我扬弃、勇于开拓创新。所以，除了“有效教学”和“高效教学”外，课堂教学的最高境界应该是“魅力教学”。

“魅力教学”一定是“有效教学”甚至是“高效教学”，而且它还不仅仅是从效率和效果层面上值得被肯定的“课堂教学”，还应该有“人格”“个性”“艺术”“科学”“创新”“发展”等方面的追求和体现。

“魅力教学”的魅力在于执教者的“人格魅力”与“学识魅力”所产生的课堂凝聚力；“魅力教学”的魅力在于课堂教学彰显师生“个性魅力”所产生的巨大的课堂迸发力；“魅力教学”的魅力在于课堂教学设计精妙的“艺术魅力”所产生的课堂向心力；“魅力教学”的魅力在于课堂教学

合乎学生认识规律所产生的“科学魅力”，在于不断超越自我而产生的“创新魅力”，还在于能够使师生共同进步和提高的“发展魅力”。

总之，“有效教学”“高效教学”和“魅力教学”这三种课堂教学境界是一个渐次递升的系列层次。我们的广大教师应该自觉加强理论学习，不断实践和反思，切实抓住、抓紧、抓好课堂45分钟，在课堂教学中积极落实新课程的有关理念和精神，努力提升自己的教学魅力，使自己的课堂教学渐至佳境。

21. 备课是成功课堂的前提

用一生来备课

“台上一分钟，台下十年功。”一节课的时间只有短短的45分钟，但要使这45分钟真正发挥作用，需要教师付出几十倍甚至上百倍的时间和精力。一位教师在成功执教一节课以后，当别人问及他准备了多久时，他是这样回答的：“我用我的一生来准备我的教学，而就这一节课而言，我只花了15分钟来准备。”寥寥数语，道出了备课的真谛。

一、教师备课应处理好三大关系

（一）个人教案与“成品教案”的关系

“成品教案”主要是指现成的书本教案或网上可查阅的电子教案。毋庸置疑，它是作者领会和理解教材的智慧之果，但其毕竟是作者从自身研究的实际出发的。因此，要创造自己的教学特色，我们就必须闭门独立思考，以排除“成品教案”对自己思维的干扰，并充分挖掘自己的潜能去想象；待个人教案初稿完成后，再去借鉴、学习他人的教案及相关信息，以检测自己的定位是否科学、精当，为此再进行二次、三次的备课，不断修正和完善教案。

（二）个人备课与集体备课的关系

优秀的、高效率的课堂来自集体的智慧，因此，备课中应充分发扬团队精神，加强集体备课。但必须先进行个人备课，找出疑点；再进行集体备课，寻求突破点；最后再回到个人备课上，整理知识点，突出能力点。

（三）整体备课和要素备课的关系

个人备课时，首先要树立全局观念，整体把握教材体系，教师既要看到本堂课知识的内在联系，又要看到它在本章节乃至全书中的地位。其次在要素备课时，目标上应始终围绕创新精神、实践能力、科学和人文素养等素质教育方面的教学要求进行设计；方法上尽管教无定法，但心中应始终想着学生这个主体，更多地思考学生是否参与了；重难点的突破上应充分考虑自己的教学设计是不是符合学生的实际状况。

二、教师备好课的四个步骤

俗话说得好："教师要上好课，必须备好课。"教师要掌握备课的步骤，为成功课堂做好准备。

（一）知书明理

即吃透教材、武装自己。教师要深刻而准确地理解所讲内容，分析所讲内容在整个知识体系中的地位及承上启下的关系，从而确定或详或略，宜简还是宜繁，进一步明确教学内容的重点、难点。教师通过“知书”，明确教学中需要搜集的各种资料，以此作为对所讲内容的有益辅佐或补充，使学生容易消化和理解所学内容。合理安排所讲内容各部分之间的关系，选择与内容相适应的教学用具和教学方法，从而达到由此及彼、触类旁通、延伸拓展的目的。

（二）知人定法

即对教学对象文化层次、性格特点等方面的素质，做到知根知底、心中有数，并能有针对性地确定正确的教学方法。学生来源面广，家庭背景、知识层次、知识结构各不相同，要对不同类型的学生进行梳理排队，从而确定最佳的教学方法，以达到因材施教、对症下药的目的。比如：采用对话讨论、合作探究、实验操作的方法等。

只有充分了解学生，才可能制定出适合学生的正确教学方法和解决具体问题的措施。

（三）编制教案

即将所要讲述的内容、所要援引的资料、所要采用的教学方法、所要安排的活动等加以组织安排并编写出来的过程。编制教案是对教学内容及其所涉及的方方面面进行逻辑归纳，使之成为统一的整体。教案一般要突出教学重点、教学难点、教学方法、教学目标、教学过程等。但是要编写出一个好的教案，首先，要求教案要紧扣所讲主题，要围绕主题去展开、阐述、说明，教案扣题是教案的核心，一个形式规范但内容不扣主题的教案是达不到教学目的的。其次，教案要围绕“三个作用”的发挥去编写，教案的“三个作用”分别是：其一，使教授过程条理化、规范化，避免内容杂乱无章、缺乏逻辑性；其二，编写教案还要起到对计划中进行的教学活动的审查作用，有利于发现新问题，做到及时补充或修正；其三，教案也要起到备忘录的作用，在教授过程中提示教授人。只有扣题且规范的教案，才能达到良好的教学效果。

教师如何编写教案

编写教案是备课的重要形式，教案的编写因教师、学生、教学内容、教学环境的不同而有所差异。

一般来说，教案包含以下内容：

1. 课题：说明本课名称。
2. 课型：说明本课属新授课还是复习课。
3. 教学时间：说明本课需几课时，或属于第几课时。
4. 教学目标：或称教学目的要求，说明本课所要完成的教学任务。
5. 教学重点：说明本课必须解决的关键问题。
6. 教学难点：说明在本课的学习过程中易产生困难和障碍的知识点。
7. 教学方法：说明在本课的教学过程中教与学的方法。
8. 教学媒体：或称教具准备、资源准备，说明辅助教学所使用的工具。
9. 教学过程 或称课堂教学结构，说明本课教学的内容、方法、步骤及时间安排等，这是教案的主体内容。
10. 板书设计：说明上课时准备写在黑板上的内容。
11. 作业处理：说明如何布置、处理书面或口头作业。
12. 教后记：施教后完成，总结教案在实施过程中的成败得失。

教案既要有一定的格式要求，又不能完全格式化，可以因学科、内容、学生而异，要做到原则性与灵活性有机结合。教师可采用多样的备课方式，如提纲式、随笔式、表格式和图文式，以体现个性化教学的风格，促进课堂教学的创新。

（四）试讲梳理

这是备课的最后一个环节，是授课人授课前的一次实战演习教师将试讲中成功的正确的东西加以肯定和保留，对其中存在的问题和不足加以修正和补充，是在正式教学之前的一次复查。试讲可以发现教案中的各种问题，比如：讲授内容的整体安排是否合理；教学方式是否贴切、是否适合内容的需要；对某一具体问题的解决或对某一具体概念的解释是否适合学生的思维方式和思维能力；如何用词显得恰当；用什么语气才能很好地表达讲授人的意图、最大限度地得到听者的理解……并将暴露出的问题及时梳理，对成功或不足加以肯定或补充。同时，针对学生善模仿的特点，教师在备课中要注意推敲自己的教学语言，规范自己的举止行为，从而使每次授课都能在学生中起到示范作用，并取得理想的教学效果。

22. 让说课成为一门艺术

说课的内涵

说课是指教师在备课的基础上，依据教材、“课标”、教学理论和教学实际，运用口头语言的表述形式，面对领导、评委或同行述说具体授课的教学设想及其依据的教学活动。它是教师将教材理解、教法及学法设计转化为“教学活动”的一种课前预演。说课是课堂教学的内在蓝图，是上好一节课前的总体构思，是实施精彩教学的第一步。说课也是教学实践研究的一种方式，是教学行为的一种内省，是教学智慧的一种碰撞，是促进教师专业发展的一个重要途径。

说课者要对所教学生的知识技能、智力水平、学习态度、心理特点、非智力因素等方面的差异进行分析，估计各层次的学生对教师的教法会有何不同的反应、对新知识的学习会有何困难，说出如何根据不同情况采取相应的措施和办法，并说出学生对自己的提问将会作出何种回答以及课堂上将会产生何种偶发事件，教师准备如何处理，等等。

一、教师说课说什么

说课的内容主要包括四个方面：

（一）说教材

说教材是说课最基础的内容，即说“教什么”的问题。说教材包括以下内容：

1. 说体系、结构。即本课所在章节或单元结构的性质、与其他相关知识的纵横联系，在教材体系中的地位和作用。

2. 说“课标”。“课标”是教学的依据，也是说课活动的依据。因此说课必须说明“课标”对教学的总要求，以及所说课题如何体现“课标”的要求。

3．说目标。教学目标是教学的出发点和归宿，也是检查教学效果的标准和尺度，教学目标要正确、具体、全面。

4．说教材。教材是教学的立足点，说教材包括对教材内容的理解、取舍和教学重难点的确定等。

（二）说教法

说教法是说教师“怎样教”的问题。教学方法的选择和运用在教学中具有重要的作用，是完成教学任务、提高教学质量的基本保证。

> 说教法要说明的三个问题：
> 1．选择怎样的教法。
> 2．选择这种教法的根据。
> 3．运用此教法应注意哪些问题。

教学方法多种多样，教师要根据教学目标、教材内容、教学对象、教学情境以及教师自身的条件，采取合理而恰当的方法。当然，一节课并不是只能使用一种教学方法，教师可采取“一法为主，多法配合”的方法。

（三）说学法

说学法是说教师如何指导学生学的问题。说学法要和说教法密切结合，这是由教学包括教和学的本质决定的。因此，二者可以分开说，也可以合在一起说，但二者不能互不关联或相互矛盾。

学习方法很多，如自主探究法、合作交流法等，但无论采取什么方法，都应该以学习论为主要科学依据，遵循学生生理和心理发展规律，重视对学生的智力和非智力因素进行深入研究，培养学生自主学习的能力。

说学法的内容极为丰富，但主要是说出如何通过学法指导，既使学生“学会”，又使学生“会学”。

（四）说教学程序

说教学程序，就是说出课堂教学过程和步骤的安排以及为什么这样安排。这是说课更为具体的内容，是课堂教学能有计划、有步骤地进行，并顺利实现教学目标的重要保证。

教学程序要层次清晰，任务明确，环环相扣，详略得当，重点突出。

二、教师说课怎么说

（一）立足于“本”，着眼于“课”

说课必须紧扣教学内容，把着力点放在教学内容的处理和课堂教学的设计上。离开了所教的课本，离开了课堂这一说课的特定情境，即使说得天花乱坠，也是毫无意义的。所以说课的关键是要根据提供的教学内容，说“准”教材，说“明”教法，说“会”学法，说“清”程序。

（二）目标明确，思路清晰

说课必须有明确的目标，教师对所说内容最终要达成什么目标一定要心中有数，而且整个说课过程都必须紧扣所确立的目标进行和展开，不能信口开河，无的放矢。

说课还有一个“序”的问题，先说什么、后说什么是有一定顺序的。

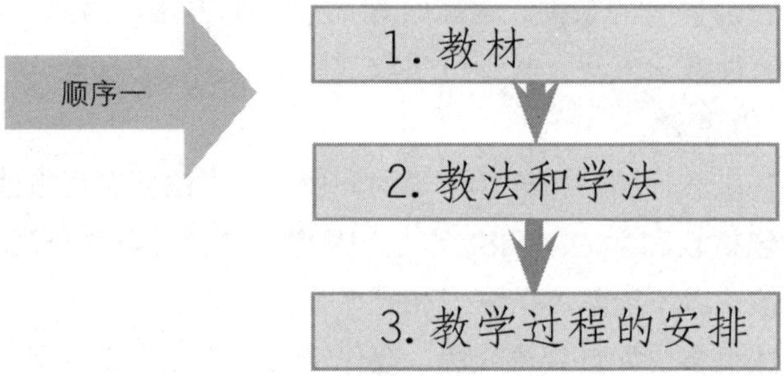

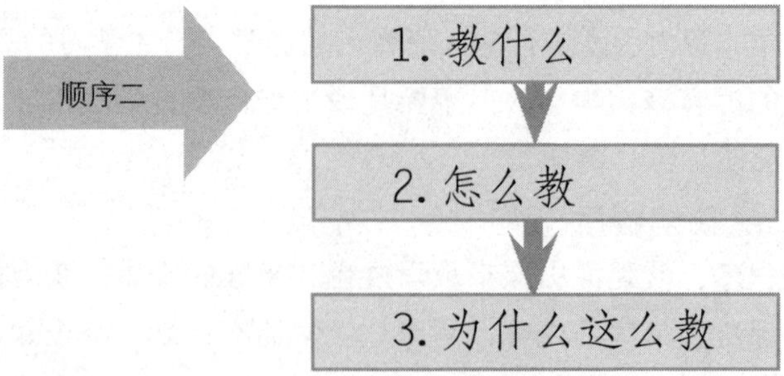

（三）重点突出，详略得当

说课也要注意详略安排，对所说的内容要分清主次，不能平均用力，“眉毛胡子一把抓”。说课关键是要说清“是什么”和“为什么”，就说课的四部分内容来说，要把主要的力量放在“说教学程序”这一环节上，这是说课的“重头戏”。

（四）避免空泛，力求实在

说课既要有明确的要求，又要有具体的落实措施，使人看得见，抓得住。要克服说课中的理论与实际相脱节的倾向，使我们的教学设想与具体的教学实际相结合。比如说教法和学法，不仅要从理论上说明它是行之有效的方法，而且还要考虑在课堂上采用此方法的实际效果如何，只有坚持理论和实际相结合，才不至于“纸上谈兵”。

三、说课的步骤

教师要说好一节课，就必须把握好说课的关键步骤。教师说好课的四步骤是：

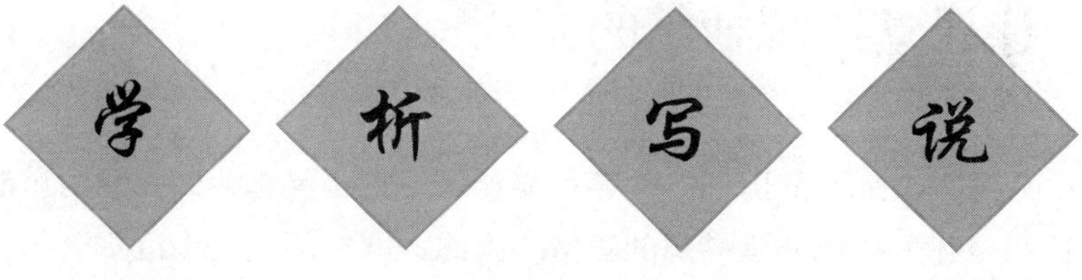

（一）学

学，是说好课的前提，它包括三个方面：第一，学教育教学理论，包括教育学、心理学、课程论等方面的知识，这是说课的理论底气。只有具备扎实的教育教学理论，才能在说课过程中站得高，看得远。第二，学新课改和“课标”理念，新课改提出了许多新的教学思想，它是我们说课的指导思想，只有明确新课改精神和“课标”理念，我们才能准确地把握教学目标。第三，学相关学科知识，如哲学、美学、传播学、管理学等方面的知识，知识面宽，说课才能得心应手。

（二）析

析，包括两个方面：第一，析学情，分析教育对象的学习基础，分析教育对象的心理特征、学习习惯等，这样，说课才能有的放矢，具有针对性。第二，析教材，把握教材、吃透教材，这是说好课的根本，要在充分理解和把握教材的基础上，确立教学目标、教学的重点和难点，并在此基础上选择教学方法和学习方法，设计教学流程。

（三）写

写，就是按照说课的基本要求和基本思路，写出说课稿。一般情况下可按“说教材——说教法——说学法——说教学过程——说设计思想”的步骤进行。说课稿不一定十分详细，但一定要思路清晰，脉络清楚。

（四）说

说，就是以说课稿为纲要，向说课对象陈述说课内容。说课时，要有饱满的激情，稳定的心境，满腔的热情；说课时，要善于适时调整，富有及时变通的智慧；说课时，要语言清晰，表达明白，具有一定的逻辑性。

23. 让课堂闪耀智慧的光芒

生命是一个灿烂的历程，教育是要让每一颗心灵都得到智慧的滋润，是要让每一程人生都充满燃烧的激情。因此，课堂不应是“沉重”的，而应是“生动”的；不应是“枯燥”的，而应是“灵趣”的；不应是“痛苦”的，而应是“享受”的。教育应该是一个愉悦的过程，是一种幸福的体验；而课堂应该是一座智慧的王国，是一片诗意的栖居地。一名优秀的教师首先应该上好课，在课堂上挥洒自己的才情和灵性，用心灵感动心灵，用灵魂塑造灵魂，用生命润泽生命。我们的课堂应该拥有“蓦然回首，那人却在灯火阑珊处”的惊喜发现，拥有“山重水复疑无路，柳暗花明又一村”的意外收获，拥有“心有灵犀一点通”的和谐共鸣，拥有“此时无声胜有声”的心灵释放，拥有“精鹜八极，心游万仞”的思想流淌。

一堂好课的标准

一堂好课，是充满人文情怀的课。
一堂好课，是闪光智慧光芒的课。
一堂好课，是洋溢成长气息的课。
一堂好课，应该成为学生激情燃烧的广场。
一堂好课，应该成为学生思想碰撞的原野。
一堂好课，应该成为学生放飞梦想的天堂。

一、树立“三生”意识

（一）生命意识

教育的底线是生命，课堂作为教育的重要场所，应该成为培育生命、放飞生命的诗意原野，所以教师在课堂中应该把学生看成是一个个自我生命的实现者，引导学生在属于他们的课堂天地里尽情展示生命的力量，使生命在充满活力的课堂教学过程中获得旺盛的拔节和自由的生长。

在以提高生命质量为指归的“生命课堂”里，学生的主体性得到尊重，学生的青春本色得以回归，学生的个性化的“倾听”与“言说”得到赏识，学生在课堂里充分感受到流光溢彩的生命涌动，成为既具有知性、理性又充盈着感性、灵性的整体的人。

如何确立课堂生命意识

第一，要求教师关爱生命，体贴学生生命成长的过程，让课堂成为学生生命体验的一个难忘而美丽的历程。

第二，要求教师尊重生命，尊重学生的独特本性，尊重学生的个性差异，尊重学生的独特体验，不能用统一的标准来框定学生的生命发展。

第三，要求教师从居高临下的课堂主宰中走出，和学生建立平等的交往关系，不能用教师的话语霸权来压制学生个性化的思想和创造性的生命活动，让课堂成为由教师、文本、学生共同建构起来的具有生命意识的、生命与生命相互碰撞的、生命的完善与运动的过程。

（二）生活意识

现代课堂呼唤生活的回归，强调课堂应该从科学世界回到感性的、具体的、现实的、流动的生活世界中来。学生走进课堂，不是走进一个外在于他们实际生活的概念世界，而是要与充沛、旺盛而又丰富的现实生活相联系，让学生在课堂这一生动的天地里，领略到现实世界为书本世界的运用所提供的诱人境界和无限风光。

如何确立课堂生活意识

第一，要求教师在理念上实现由以知识为中心向以人的发展为中心的转变，了解并关怀学生这个真实的、生活着的、有思想、有情感、有需求的独立的人，能从学生的现实生活出发，扎根于学生的生活，与学生的现实的生活境遇发生关联，理解学生具体生活的每一种形态，理解学生所面临的各种生活问题，在课堂中引领着他们过一种积极的、有意义的生活。

第二，要求教师将课堂生活化，要创造生活化的课堂情境，使课堂充满生活的鲜活和多彩，充满生活的自由和轻松，课堂里没有压抑，没有刻板，有的是学生自由的言说、快乐的舒展，学生能自主“放牧”自己独立的思想，课堂常常给学生带来说不出的喜悦、抹不去的记忆。

第三，要求教师要走出课堂这一狭小的天地，将学生引入缤纷灿烂的社会生活，实现书本世界和生活世界的有机贯通，实现对无穷无尽的生活资源的有效利用，让学生在生活中去运用知识、激发联想和生成创意。

（三）生成意识

“动态生成”是新课程改革的核心理念，它强调课堂应该成为一种动态的生长性的“生态系统”，教学不应该是完全根据教师的事先预设按部就班地进行，而应该成为教学内容持续生长与转化、不断建构与创生的过程。在体现“生成意识”的课堂里，教师把目光锁定在教学过程本身，教学的重心由过去的课前备课转移到现在的对教学现场的即时运作，教师更关注的是课堂的现实生成和直接生成，教师不是把课堂当做执行教案的过程，而是依据学生的学习情况，根据学生心理的、情感的、知识的需要，对课前“预设”随时做出富有创意的调整，教师的任务不是把学生的所有问题在课上全部解决，而是要开启学生思维的闸门，让学生在课堂里不断生成新的问题，并使之成为新的教育契机。在体现“生成意识”的课堂里，师生关系不再是传统的灌输与接受、主动与被动的关系，课堂上师生相互研究与切磋，相互砥砺与启迪，共同演绎丰富多彩、鲜活生动的成长话剧。教科书也不再是神圣不可触犯的金科玉律，教师和学生可以根据教与学中的实际情况，对教材进行添删、重组、整合。

课堂点拨

在体现“生成意识”的课堂里，教师追求的不是教学内容的完美无缺和教学过程的滴水不漏，而是允许有偏差存在，允许与预设不一致甚至相矛盾的意外情况发生，而这一切，又都将成为一种新的可供开发的教育资源。

二、实现六大转变

（一）从“向师”到“向生”

传统的课堂教学中，教师在客观上成为课堂的中心；而学生围绕着教师转，是教师的“执行者”，是课堂的“边缘人”。教师是作为一个满腹经纶的“知识富翁”而存在的，对学生来说是至高无上的权威。知识垄断所孵化的“教育霸权”强调的是学生对教师的绝对服从。而新课程理念下的课堂，学生是课堂的主角，教师的角色由知识的灌输者、守护者转变为学生学习活动的组织者、引导者、参与者、共享者，教师因学生而存在，是为学生服务的，是学生学习活动的“导游”。在整个学习过程中，教师要以学生为本，依学定教。课堂不再是格式化的知识王国，而是学生自主发展的舞台。学生是学习的主体，教师是学习的主导。

（二）从“蓝本”到“文本”

传统的课堂里，教材是不可动摇的“蓝本”，教材、教参上所说的一切都是不可更改的；教师扮演着“复述者”的角色，把教材、教参的内容机械地复制给学生，然后让学生囫囵吞枣地咽下去，教师没有自己的声音，没有自己的思考。而新课程理念下的教材，以“文本”的形式呈现在师生面前，它只是一个“话题”、一个“谈资”，它有许多未规定的空间，师生可以根据自己的体验和理解，去补充，去“完形”，去建构和生成“文本”更丰富的意义。

（三）从“听话”到“对话”

传统的课堂里，教师是讲台上的“独语”者，课堂生活实际上是一种“生活世界的殖民化”，教师是课堂话语的“霸权”者；学生只有“听话”的权利，他们把教师所讲的内容记下来，然后去记，去背，去对付考试。课堂上，学生实际上成了张着口袋等待灌注的“知识回收站”。有时即使学生有些自己的创造，也被教师按要求“格式化”。而新课程理念下的课堂教学，强调的是师生交往中的“对话”。它是教师和学生各自凭借自己的信息背景和知识经验，通过心灵的对接、意见的沟通、思维的碰撞，从而实现知识的共同拥有和个性的全面发展的过程。当然，这种“对话”绝不是言语上的简单应答，而是真理的敞亮和思想本身的实现，是一种在相互倾听、接纳和共享中实现视界融合、意义建构和精神互通的过程。

（四）从“经验”到“体验”

经验和体验既有联系又有区别。经验立足于客观世界，具有普遍性、间接性和可传授性，它追求知识的积累和学习。体验以经验为基础，立足于精神世界，具有过程性、亲历性和不可传授性，追求的是意义的建构和心灵的冲动。体验是对经验带有感情色彩的“反刍”和体味，是对经验的升华和超越。传统的课堂教学，强调的是知识的传授和经验的接受，忽视了学生在学习过程中的具体感受，课堂教学是远离学生生活体验和情感体验的冰冷的概念世界。新课程理念下的课堂教学，不再把传授既有知识经验作为教学的唯一任务，它更强调学生的亲历与体验，珍视学生的个性感受，让学生在多元反应中有独特的理解和感受，让课堂成为学生心灵的栖息地，让课堂学习成为学生精神游历和探险的过程，成为一种“生命的摆渡”。

（五）从“独作”到“合作”

传统的课堂教学以“独作”“单干”为主，虽然有时也有合作，但在很多情况下被简单化、形式化了，教师只是象征性地抛几个问题给学生，学生对问题还没有思考进去，教师就迫不及待地亮出答案，转回自己的教学思路上。至于学生之间的合作，那就更无空间了。新课程背景下的课堂教学倡导合作学习，这种合作学习是学生在小组或团队内为了完成共同的任务而有明确责任分工的互助性学习，它既包含师生间的合作、学生间的合作、学生学习小组间的合作，也包括学生和家长的合作、学生和现代媒体的合作等。合作学习以开发和利用学习中人的关系为基点，以全员互动合作为基本动力，以团队成绩为评价标准，以全面提高学生的学业成绩和人际交往能力为根本目标，是一种短时、高效、低耗而又充满快乐的先进学习方式。在合作学习中，教师要把自己放在与学生平等的合作者的位置上，积极为学生提供合作的条件，创造合作的情境，让学生在合作中体验成功的喜悦，感受信息共享的快乐。

（六）从“单极”到“多极”

传统的课堂，采取的是一种“单极”的教学评价机制。在评价目标上，以应试为指引；在评价内容上，以知识的掌握为核心；在评价手段上，以量化为指标；在评价对象上，以教师为主体。所有的评价都围绕“教”这个中心作“单极”的、平面的运行。新的课堂注重评价的多样化、多元化，强调建立多维度的、立体性的评价机制。在评价目标上，以学生的生命发展为指归；在评价内容上，关注的不仅是知识的掌握情况，而且要从“知识与技能、过程与方法、情感态度与价值观”这三个维度进行综合评价；在评价手段上，注重定量和定性相结合；在评价对象上，注重将教师的评价、学生的自我评价、学生间的相互评价相结合。

三、成功的课堂应处理好五大关系

（一）正确处理教学起点与终极目标的关系

学生的发展过程中有无数个起点，也有无数个终点，每次的学习都必须建立在最接近学生起点的基础上，并尽可能地把他们带到离自己最远的终点。这种起点，包括知识的起点、能力的起点、审美的起点、价值观的起点、个性成长的起点等。课堂教学从最接近学生起点的地方开始，也就必须符合学生认识能力的发展水平，把教学的起点落在心理学家维果茨基所说的学生的“最近发展区”上，使学生“跳一跳”，就能“够得着”。如果教学仅仅囿于满足或停留于起点那又无疑是失败的，因为教学促进发展的实质，就在于教学应推动那些正在或将要成熟的心理机能的形成向前发展，不能只适应学生的现有发展水平，而应从学生的“最近发展区”出发，积极带领学生经过紧张的努力和快乐的创造，在发展的道路上不断向前迈进，尽可能将学生带到离自己最远的终点，即教学的终极目标。

（二）正确处理学生主体和教师主导的关系

新课程理念强调学生的主体地位，其目的是要改变传统课堂教学中教师“独语”和“霸权”的局面，这是对学生生命意识和主体价值的唤醒和复归。但是在教学实践中，有些教师片面理解学生的主体性，以为强调学生的主体作用就必须放弃教师的主导作用，一切都是学生说了算；鼓励学生自主学习，就意味着教学放任自流、教师无所作为。于是，自主学习演化成了自愿学习、自由学习、自我学习。教师满足于做一个“旁观者”，甚至觉得自己的介入是对学生主体的侵犯，完全忘记了自身的“在场”，课堂有限的时间在学生“放羊式”的活动和教师的观望中悄然流逝，教学除了学生空洞的活跃和虚假的繁荣外别无他物。这是一种典型的教师“不作为”现象，在这样的课堂中，展现的是学生表层的甚至是虚假的主体性(假性主体)，失去的却是教师价值引导、智慧启迪、思维点拨等神圣的职责，这是导致课堂低效或无效的根本原因。强调学生的主体性并不意味着教师作用的弱化或消解。“以学生为主体，以教师为主导”仍然是课堂教学应该坚守的原则。教与学是矛盾的两个方面，二者是相互联系、相互促进的，课堂教学的过程应该是学生自主学习和教师价值引领相统一的过程。学生的学是关键，是内力；教师的“导”是引领，是外力。忽视学生的主体作用，教学就失去了生命的根基；离开教师的主导作用，教学就容易步入盲目、肤浅、低效的境地。也可以说，教师主导作用的有效发挥是学生主体作用得以展开和实现的“催化剂”和“助力器”。优质高效的课堂教学应该实现主导性和主体性的和谐统一。

（三）正确处理教学预设与教学生成的关系

传统教学的弊端之一是“统得过死”。课堂教学一切按照教师预设的路线运行，变成了机械执行教案的过程。新课程理念强调课堂的动态生成，这有助于激活课堂资源，及时发现瞬间的“火花”，创造出许多“未曾预约的精彩”。但是，与此同时也出现了一种过度强调、美化生成，贬低、弱化预设的现象。有的教师认为，新课程理念强调动态生成，就应放手让学生自主学习，让生成决定课堂，因此就没有必要再人为设置框框限制学生发展，教学设计越简单越好，甚至不用备课。于是，在一些课堂教学中我们常常见到这样的情景：远离文本，信马由缰，随心所欲，旁逸斜出，课堂变成了“茶馆式”的漫无目的的神吹海侃。好的预设可以使教师的教学可行可检，并且彰显着好的生成时空，事实上，预设越充分，预设包含的生成因子就越多，其生成也就越有价值。预设与生成是辩证的，深陷在预设的巢臼里，统得过细，往往会把学生引入狭窄的小胡同，这显然有悖于使学生终身可持续发展的教育目标，而一味注重生成，也必然影响教学目标的实现以及教学计划的落实。预设与生成是相互依存的，没有预设的生成往往是盲目的，而没有生成的预设又往往是低效的，课堂教学应该注重预设和生成的辩证统一。

（四）正确处理轻松形式与丰厚收获的关系

课堂教学不能仅仅追求形式的轻松，过于追求形式的轻松往往导致课堂变得轻浮和虚空。课堂教学不能成为浮在水面上的“油花”，它应该富有一定的质感、蕴藉和深度，给人一种丰厚的沉甸甸的感觉。同样，课堂教学也不能忽视轻松的形式，否则课堂教学就会变得死气沉沉，缺乏应有的生命活力。理想的课堂应该注重轻松形式和丰厚收获的结合，既有深度、厚度，也有温度、亮度。

（五）正确处理教学民主和课堂秩序的关系

传统的课堂纪律多为强迫纪律，无视学生的主体性，无视学生的身心发展特征，对学生进行强制规定和限制，如“两腿并拢端坐”“双手放在背后”“课堂保持安静”等。新课程的实施，打破了这种课堂规则，一种以学生为主体的民主氛围洋溢在我们的课堂里，这是令人欣慰的，它有利于教师与学生平等相处，有利于为学生创造一种心理放松、敢于质疑的环境，使学生真正享受成长中的自由与快乐。

民主与秩序不是对立的关系，没有完全不要秩序的民主，良好的课堂秩序是真正实现课堂民主的保证。有的教师认为新课堂只讲学生的民主而不求对学生的规范，这是对课程改革的误解。课堂应当在民主与规范、自由与秩序中求得平衡。蒙台梭利说得好："孩子的自由，就其限度而言，应在维护集体利益范围之内；就其行为方式而言，应具有我们一般所认为的良好教养。因此，只要孩子冒犯或干扰他人，有不礼貌或粗野的行为，就应加以制止。"新课改所倡导的一堂好课，应该既体现教师对学生的充分尊重，又体现教师对课堂的有效控制，即课堂上学生"自由"而不"放纵"，"约束"又不"刻板"，真正做到民主与秩序的有机结合。

24. 他山之石，可以攻玉

听课是教师教学工作的重要组成部分，也是教师经常采用的教学研究方式。

通过听课，可以吸取别人的长处，弥补自己的短处，对提高自身教学能力、丰富教学手段、提高自己的教学魅力具有重大意义。但在现实中，并不是所有的教师都掌握了这一常见的教学研究方式，也出现过各种各样的偏差。他山之石，可以攻玉，教师要掌握听课的技巧，通过听课获取最大的收益。

一、听课的步骤

教师要学会听课，并掌握听课的基本步骤。教师听好课的三个步骤是：

1.做好听课准备

2.掌握听课方法

3.重视教学反思

（一）做好听课准备

听课前要做的准备
★学识准备：学习和掌握有关学科的教改信息和新的教育理论。熟悉课程标准，充分把握教材，积累听课资料。 ★心理准备：心理准备包括态度上的准备和情绪上的准备。在态度上，听课要做到“五心”：虚心、诚心、专心、细心、公心。在情绪上，听课要做到精神饱满、精力集中。 ★情况准备：要了解听课班级学生的基本情况，如学生的学习基础、学习能力和班级管理等。要了解任课教师的有关情况，如学识水平、工作态度、教学经历等。 ★物质准备：如教科书、参考书、听课笔记、钢笔等，有时还要自己准备听课时用的凳子。

（二）掌握听课方法

1. 观看

观看是借助视觉器官来收集外部信息。在听课过程中，听课者用眼睛来观看，主要涉及三方面内容：

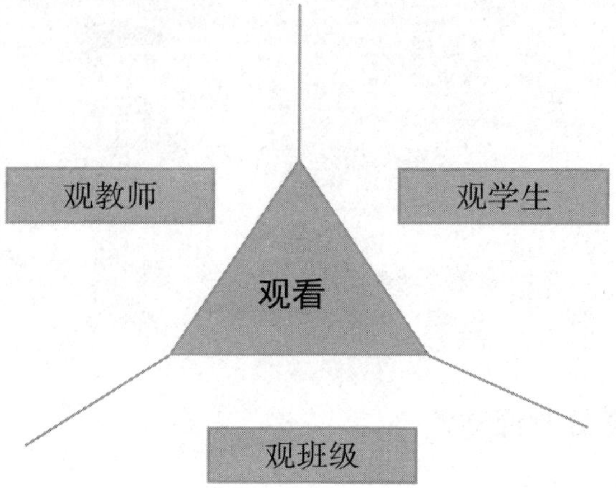

观教师，主要指观看教师的基本状态和施教行为。基本状态指教师的精神面貌、教学仪态等；施教行为主要包括教师的情境创设、内容呈现、过程设计、课堂调控、板书设计、教具运用等。观学生，主要包括观看学生的学习习惯、学习行为、学习状态等。观班级，指观看班级的学习气氛、课堂秩序等。

2. 倾听

听课者要学会倾听。倾听包括两个维度，一是倾听教师的语言，听教师的导入语、讲授语、过渡语、诱导语、提问语、评价语，看其是否科学、简明、规范、生动、得体、富有感染力和可接受性；二是倾听学生的语言，听学生是怎样提出问题、探究问题、回答问题的，看学生回答问题的逻辑性、准确性、创新性等。

3. 记录

听课者一定要注重课堂记录，将在课堂上看到的、听到的、思考的主要内容做简要而有重点的记录。一份理想的听课记录应该做到以下“七记”：一记教学环节，二记问题设计，三记衔接过渡，四记细节特色，五记板书提纲，六记点评批语，七记个人思考。

（三）重视教学反思

一节课听完后，要及时反思，取其长为己所用，见其短引以为鉴。第一，教师听完课后要多问几个“为什么”，也就是多想一下授课教师为什么这样做，这样做有什么好处，又有什么不足，从中找出提高教学质量的有效方法。第二，要善于体察授课教师的思想。第三，要善于对教学效果和授课教师下一步的教学安排做推想和预测。

二、听课应该怎么听

（一）带着欣赏的心态听课

以何种心态去听课，往往决定听课的质量。带着欣赏的心态去听别人的课，往往能收到事半功倍的效果。在听课时，教师要做到“三个欣赏”。

第一，欣赏授课者的教材处理艺术。看授课者是如何解读教材的，是如何挖掘教材资源的，是如何对教材进行增删剪辑的，是如何确立教材的重点、难点的，是如何实现教材价值的有效利用的，等等。

第二，欣赏授课者的课堂驾驭艺术。教无定法，但教学要有法，通过听课，看授课者是如何组织教学的，是如何展开教学活动的，是如何进行拓展延伸的，是如何唤醒和激励学生的，是如何启发学生思维的，是怎样提出问题的，是怎样和学生一起解决问题的，等等。

第三，欣赏授课者的语言表达艺术。教学语言是师生的心灵之约，是传情的主要手段。通过听课，看授课者是如何运用开课语、提问语、过渡语、评价语、结课语、讲析语、描述语、解说语、高潮语、点拨语、辅导语的；看授课者的语言是否变无形为有形、化抽象为具体、化隐蔽为显著，发挥其有效的教学功能。

带着欣赏的心态去听课，即使有时收获的是“遗憾的艺术”，也有利于吸取别人的经验教训。

（二）带着思考的脑袋去听课

听课前，听课教师要熟悉所听课的教学内容，准备一些自己在日常课堂教学实践中一直存在的困惑和急需解决的问题，让自己带着一颗思考的脑袋去听课。在听课中，要看授课教师是如何处理类似问题、如何处理好教与学的行为的，再通过比较找出差异，积极寻求改进的措施，生成新的课堂教学设计，以实现课堂教学的超越。同时，带着思考的脑袋去听课，能促进听课教师改变原来那种“旁观者”的身份，以积极“参与者”的角色深入课堂，关注教师的教与学生的学，关注问题的解决方法与程度，并自觉反思自己的教学观念、教学行为以及教学效果，从而在听课中解惑，在自我反思中提升自己的教学水平，促进自己的专业化发展。

（三）带着研究的眼光去听课

常言说：“内行看门道，外行看热闹。”要想提高自己的听课水平，听课时，要把自己当成课堂教学的研究者，要多长一只眼睛、多长一只耳朵、多长一颗心，带着眼睛、耳朵用心听课，带着笔记录过程，带着脑袋思考；还要认真研究，及时进行梳理总评，并与其他教师交流。总之，任何一个教师的课，总会有他个人独到的地方，有值得我们学习和借鉴的地方，只要自己善于把握机会，不断地在听课中学习别人的长处，克服自己的短处，就一定能够很快地把别人的经验变成自己的财富。

三、听课观察应该如何观

有经验的教师，必然拥有良好的观察技巧。在听课时，教师要敏锐而精确地解读教室内的教学行为，并有能力解读各种教与学的问题。

由于课堂教学是教师、学生、教材与环境等因素交互作用的结果，这些因素都能够影响师生的教与学行为。因此，在观察师生的行为之余，还要注意观察教室内外的环境以及教材的使用状况。

课堂观察的方法，可大体分为描述法和划记法两种。

描述法就是我们所熟悉的记听课笔记。听课笔记的首页要填好听课地点、对象、时间和听课的课题。另外，听课笔记要记好实录描述与评论。听课教师在进行观察时，既可以在描述栏内翔实地记录某些行为的发生，也可以利用评论栏将自己观察时所产生的想法记录下来。如果对于观察所获得的资料有所怀疑或是不了解，则可以利用课余时间与相关的人员进行交谈，或者通过分析笔记解决疑问。观察完成后，听课教师应尽快将所有资料进行综合整理与归纳，写出自己的评价、反思，以便能从观察中发现值得进一步探讨的现象或问题。

划记法

所谓划记法，是指在进入教学现场前，根据相关教学场地、内容设计好划记的各种图表，将要观察的行为加以分类，并给予各类行为不同的代号。在现场观察时，观察者只要按照表上对各类教学行为的界定进行代号的划记工作即可。

划记法必须对所观察的行为是否能如预期出现、是否能顺利观察得到等做过认真的考虑再付诸实施。采用量化的划记法，主要目的是从观察后的统计数字中，看出教师与学生行为的某些倾向，或是与理论相互印证，作为解释班级内师生行为的依据，或是将课堂观察所获得的数据进行量化分析，得出某种推论。

四、听课记录应该如何记

听课记录是听课的第一手资料，是课后进行教学反思交流的材料和依据，更是促进教师专业成长和提高教学水平的极其宝贵的财富。教师不仅要做好听课记录，而且课后要再次回顾，对教学活动进行剖析与反思，多一分思考就多一分提高。反之，不愿做听课记录，不愿对听过的课进行再次深入思考的教师，即使听的课再多，也不可能有什么改进和提高。那么如何做听课记录，听课时应记录什么呢？

（一）记录施教者的成功之处

古人云："三人行，必有我师。"我们在听课时首先要抱着学习的态度和目的，哪怕是刚刚从学校毕业走上讲台的新老师，也一定有值得我们学习的东西，何况一般施教者都精心准备，其才华和智慧会充分展示出来，一定会有许多地方值得我们学习和借鉴，我们要及时捕捉并记录下来。比如：一种好的教学方法，一个巧妙的教学设计，一种新的思维方式，对某一问题独特的处理技巧，对一个意外事件的巧妙处理，一个独具匠心的留白，甚至是一句实用的话、一个贴切的词语。

（二）记录施教者的不足之处

听课时还要带着批判和审视的目光，无论多么资深的教师，准备得多么充分，教学过程中也难免有疏漏失误之处，也一定会有“败笔”。听课教师要将“败笔”记录下来，回顾、梳理和剖析这些“败笔”，吸取教训，重新思考设计，以便在以后自己教学时得以改进和提高。课堂教学中有所得也必定会有所失。学生的性格各异，知识水平和理解能力参差不齐，教师的教学设计与实际教学过程总会有不相适应的地方。所以，听课时不能简单地记录上课教师的不足之处，而是要在反复思考、仔细琢磨的前提下，记下要修改的建议及理由，同时以此为鉴，也可以使我们在以后的教学中少犯或不犯同类错误，减少失误，提高教学水平。

（三）记录学习者的体验见解

教学是一种教与学的双边活动，但重点是学而不是教，因为教师的教学活动是围绕学生的学习活动展开的，在关注教与学的双边活动时，更要关注学生的活动。所以记听课笔记时，不仅要关注教师的教，更要关注学生的学，学生是否在教师的引导下积极参与到学习活动中了？学习活动中学生经常做出怎样的情绪反应？学生是否乐于思考、讨论、争辩、动手操作？学生是否经常积极主动地提出问题？学生提出了哪些独到的见解？学生有哪些创新的火花？还要看学生的学习方式、课堂表现、态度和习惯等。这些都是无比丰富的课程资源，可以作为提升教学质量的宝贵材料。

（四）记录学习者的困惑

每个学生都有自己的思维，他们会从各自的角度去考虑问题，有时他们会有一些不同的问题和困惑，把它们记录下来，这些可以促进教师在教学过程中寻找和探求新的方式、方法。同时，其他班的学生的困惑也许就是自己班上学生的困惑，记录下来，有利于自己在教学中关注这些问题，引起自己在处理这些问题时的思考。

（五）记录闪现的灵感

在听课过程中，听课教师往往会因为一些特殊情景或偶发事件而产生瞬间灵感，这些“智慧的火花”常常是突然产生、不期而至的，若不及时记下，它们便会因时过境迁而烟消云散，令人遗憾不已。所以，教师要及时记下这些“瞬间的智慧”，也许记下的是“露珠”，收获的是“海洋”。

25. 做好课后反思工作

新课标非常强调教师的教学(包括课后)反思。思之则活，思活则深，思深则透，思透则新，思新则进。反思自己的教学行为，总结教学中的得失与成败，对整个教学过程进行回顾、分析和审视，才能形成自我反思的意识和自我监控的能力，才能不断丰富自我素养，提升自我发展能力，逐步完善教学艺术，实现教师的自我价值。

一、教学反思的内容

教学反思的内容

1.要反思教学行为是否达到教学目标

2.要反思教学活动是否有“沟通”和“合作”

3.要反思是否创造性地使用了教材

4.要反思教学过程是否存在着“内伤”

5.要反思教学过程中是否迸发出“智慧的火花”

6.要反思教学过程是否适应学生的个性差异

（一）要反思教学行为是否达到教学目标

新课标要求我们在制定每节课(或活动)的教学目标时，要特别注意培养学生的科学素养，即“三个维度”——知识与技能、过程与方法、情感态度与价值观。

现代教学要求摆脱唯知主义的框框，进入认知与情意和谐统一的轨道。因为对学生的可持续发展来讲，能力、情感态度与价值观的适用性更广，也更持久。许多知识随着时间的推移都容易被遗忘，更何况当今社会知识更新的速度极快，只要具备获取知识的能力，就可以通过许多渠道获取知识。所以，情感、态度、价值观必须有机地融入到课程教学内容中去，并有意识地把它们贯穿于教学过程中，使其成为课程教学内容的血肉，成为教学过程的灵魂。

（二）要反思教学活动是否有“沟通”和“合作”

教学，是集约化、高密度和多元结构的沟通活动。成功的教学活动，应该形成多种多样、多层面、多维度的沟通情境和沟通关系。教学过程是师生平等交往、积极互动、共同发展的过程。教学中的师生关系不再是“人和物”的关系，而是“我和你”的关系；教师不再是特权式人物，而是与学生平起平坐的一员。教学过程便是师与生彼此敞开心扉、相互理解、相互接纳的对话过程。在成功的教学过程中，师生应形成一个“学习共同体”，他们都作为平等的一员参与教学过程，进行心灵的沟通与精神的交融。没有交往，没有互动，就不存在或未发生教学，就是只有教学形式表现而无实质性交往发生的“假教学”。

（三）要反思是否创造性地使用了教材

教材，历来被作为课程之本。而在新的课程理念下，教材的首要功能是作为教与学的一种重要资源，但不是唯一的资源，它不再是完成教学活动的纲领性权威文本，而是以一种参考提示的性质出现，给学生展示丰富多彩的参考资料。同时，教师不仅是教材的使用者，也是教材的建设者。因为本次课程改革中的一些改革理念仍具有实验性质，不是定论，不是新教条，不是不允许质疑的结论，还有待在实践中进一步检验、发展和完善。因此，我们在创造性地使用教材的同时，可以在“课后反思”中将教材中的一些内容整合为专题内容加以记录，这样，教师既积累了经验，又为教材的使用提供了建设性的意见，教师、教材和学生成为课程中和谐的统一体。

（四）要反思教学过程是否存在着“内伤”

教师要反思自己是否在刻意追求所谓的“好课”标准：教学环节中的“龙头”“凤尾”“铜腰”个个精雕细琢，教学手段中的“电媒”“声媒”“光媒”一个不能少，学生讨论热热闹闹，回答问题对答如流。这种“好课”似乎无懈可击，但有没有给学生思考的空间？小组合作学习有没有流于形式？讨论是否富有成效？“电媒”是否有越俎代庖之嫌？有没有关注学生情感、态度、价值观的变化？学生的创造性何在？只有对这些“内伤”认真回顾、仔细梳理、深刻反思、无情剖析，并对症下药，才能找出改进策略。

（五）要反思教学过程中是否迸发出“智慧的火花”

教学，不仅仅是一种讲述，更重要的是引导学生在情境中去经历、去体验、去感悟、去创造。教学过程中，学生常常会在不经意间产生“奇思妙想”，迸发出创新火花，教师不仅应在课堂上及时将这些细微之处流露出来的信息捕捉并加以重组整合，借机引发学生开展讨论，给课堂带来一分精彩，给学生带来几分自信；更应利用课后反思去捕捉、提炼，既为教研积累第一手素材，又可拓宽教师的教学思路，提高教学水平。教师将这些反思记录下来，可以作为教学的宝贵资料，以资借鉴。

（六）要反思教学过程是否适应学生的个性差异

学生的个性差异是客观存在的。成功的教育制度、成功的教育者，必须根据学生的个性特长、禀赋优点因材施教、因人施教、因类施教，充分发挥学生的个性特长，让性格各异的学生争奇斗艳、各领风骚，让每一个学生都有施展才能的天地与机会。换言之，成功的课堂教学，应让基础好的学生“吃得饱”“跑得快”，让中等生“吃得好”“跑得动”，让困难生“吃得了”“不掉队”。因此，无论是情境的创设还是内容的呈现，无论是问题的设置还是释疑解惑，均应“为了一切学生”，开展多层次、多维度、多渠道的教育活动。因为教育的最大使命就是尊重学生的个性差异，尽可能地创设条件发展学生的思维能力，培养学生的思维品质，促进全体学生的发展。

总之，教师的反思要全面、深刻、有针对性，更要有所得。

二、教学反思如何写

（一）写教学效果

学生的学习效果是教师最关注的问题，进行教学反思要做到“当堂反思”，即上完课后要对本课的教学效果作一个自我评价。比如：分析学生哪些内容掌握得好，对哪些内容的掌握有困难，哪些学生学得成功，还有多少学生需要指导，等等。同时，教师还要坚持“阶段反思”，即对一阶段的教学工作是否达到了预期的效果进行自我评价。

（二）写成功之处

在课堂教学中，教师往往会因为一些偶发的事件而产生瞬间灵感，这些“智慧的火花”常常是不由自主、突然而至的，若不及时利用教学反思去捕捉，这些“智慧的火花”便会因时过境迁而烟消云散，令人遗憾不已。如果出现了课堂教与学的高潮，就要详细记录下学生的学习活动、学生的精彩问答，作为第一手素材，进行深入的研究和探讨。

教学反思还应侧重于自己本节课的成功之处，比如：教学过程中达到预先设计的目的、引起教学共振效应的做法；课堂教学中临时应变得当的措施；层次清楚、条理分明的板书；教具的运用；某些教学思想方法的渗透与应用的过程；对教育学、心理学中一些基本原理使用的感触；教学方法上的改革与创新；等等。如能及时记录成功的经验，则可作为日后教学工作的借鉴，有助于不断改进教学方法，提高教学能力。

（三）写教学不足

课堂教学中有所得也必定会有所失，学生的性格各异，知识水平和理解能力参差不齐，教师的教学设计与实际教学过程总会有不相适应的地方，如：教学方法的运用、知识的讲解、例题的选择、板书的设计、练习的效果等方面，还有问题情境的创设有没有给学生思考的空间，学习活动的组织是否有利于学生的自主学习，小组自主学习、课上讨论有没有流于形式，有没有关注学生情感、态度、价值观的发展，学生学习的兴趣是否浓厚，等等。对于教学工作的不足，要反复思考，仔细琢磨，采取措施，及时补救。

（四）写改进措施

“思”的最终目的是“改”，通过对各个教学环节得失的客观分析，找出问题的症结，探索解决问题的办法、对策，提出改进教学的策略和方案，从而提高课堂教学效率。

（五）写再教设计

一节课下来，不妨静心沉思：摸索出了哪些教学规律，教法上有哪些创新，知识点上有什么发现，组织教学方面有何新招，解题的诸多误区有无突破，启迪是否得当，训练是否到位等等。及时记下这些得失，并进行必要的归类与取舍，然后考虑一下，再教这部分内容时应该如何做，不妨写写再教设计。这样可以做到扬长避短、精益求精，把自己的教学水平提高到一个新的境界和高度。

教学反思是教师成长过程中的一种非常重要，也非常有效的方式。教师们一定要直面缺点，正面剖析，使反思的内容成为今后可借鉴的资源，从经验型的教师转变为研究型的教师。

4

JIANLI LIANGHAO SHISHENG GUANXI

建立良好师生关系

26. 师生需要多沟通交流

社会调查

某杂志最近公布了他们对 227 名中小学生的调查结果，该调查发现，有 66.7% 的被访学生害怕与老师交流，75.8 % 的被访学生“很少、从来没有或想找但不敢主动与老师说话”。

一、师生沟通的特点

师生之间的沟通是师生双方整体信息的沟通，是每时每地每刻在不间断地进行的。对学生而言，教师的一举一动、一颦一笑、装扮气质、说话和表情，都是在给学生传递信息。

师生沟通的目的是信息被学生所接受，而不仅是教师本人表达自己的一种意图。因此，在师生沟通中，教师仅仅拥有良好的意图未必能够带来良好的沟通效果。

教师传递信息的方式，往往决定了与学生沟通的结果。成功的沟通应该是教师传递给学生有说服力的信息并及时收集学生的反馈信息。

二、师生沟通的艺术

（一）教师对学生要赞而不吹，严而不厉

在交流过程中，“表扬”和“批评”是教师常用的两种教育手段。那么我们应该如何利用这两种手段来改善师生关系、融洽师生情感，找到师生之间最佳心理距离呢？

专家课堂

教育工作中，教师偏爱、溺爱成绩优秀的学生，瞧不起、看不惯后进生的现象时有发生，这种做法的直接后果是滋长了成绩优秀的学生骄傲自大、目中无人的不良心理，加重了后进生不易接受批评教育的逆反心理。这样，教师在学生心中无法占据应有的位置。

教师在教育学生时，要善于使用“表扬”和“批评”这两种武器，把握好分寸，对成绩好的学生的表扬要恰当、适度，达到鼓舞、激励的目的就行了，切忌过分地吹捧；批评后进生时，不能太严厉、太苛刻，不能小题大做、捕风捉影，不能涉及学生隐私和生理缺陷，更不能用打击学生自尊心的方法来达到批评教育的目的，应该作出中肯的批评，摆事实、讲道理、有理有据，让学生心服口服地接受批评，真正认识到错误，改正缺点。因此，教师在教育学生时应做到：爱护学生而不溺爱和放纵学生，严格而不严厉。只有这样，教学工作才能顺利开展。

（二）把握角色行为，增进师生感情

师生之间始终存在思想、情感、兴趣、爱好等心理活动的双向交流。通过这种交流，师生间可以建立起良好的心理关系，形成有利于教育活动的心理环境。要增进师生感情，教师需要注意以下几个问题：

1. 塑造师表形象

作为教师，首先要加强自身修养，提高综合素质，真正做到为人师表。教师在教育过程中要掌握开启学生心灵的钥匙，根据学生的年龄特征和心理需要，为师生情感融入新的内容。如果教师的“功夫”只有程咬金的“三板斧”，就难以得到学生持久而真诚的敬仰。

2. 积极给学生创造成功机会

每个学生对老师都有一种期待心理，希望得到关注和重视，其特长渴望得到表现和认可。因此，教师在施教过程中要深入全面地了解学生的个

性特点，利用学生的期待心理，为每一个学生展示才华、锻炼能力、参与竞争提供机会、搭好舞台，让每一个学生都体验到成功的喜悦。

3. 尊重“独立性”，逐步引导学生成长

每个学生都有自己的思想和性格，有独立的意识和行为，不喜欢老师的唠叨，不高兴老师总是手把手地教，渴望独立学习、生活。学生的“独立”要求往往是教师与学生产生矛盾和分歧的主要原因，处理不当，久而久之会造成师生间的感情有隔膜，学生必定产生一种“逆师性”。

为此，教师应正确对待学生的“独立性”，尊重学生的“独立”要求，引导学生走向成熟，做个社会化的人。而且，在当今文明开放的社会中，抑制、扼杀学生的“独立性”的教育是与时代不相容的。

4. 公平心能得到全班同学的爱

作为一个新时期的教师，我们应该知道每个班级都是由优秀生、中等生和后进生组成的。如果教师在自己的工作中不知不觉地宠坏了一些学生，就会失去另一些学生的爱。所以教师要告诉学生：不管你过去的表现怎样，不管你的父母是谁，你在我的班级里就是我的孩子，所有的孩子都有平等的受表扬和受批评的待遇。教师不仅要这样说，更要这样做。在班级里，教师最好把很多事情放到班级中让大家一起解决。只有有了一颗公平心，教师才能拥有整个班级。这其实是师生沟通的大前提。

5. 经常帮助学生

学生在课堂学习的过程中遇到困难、缺乏勇气、找不到良策时，教师既要帮助他们树立信心，又要帮助他们找到克服困难的途径，创设克服困难的条件，使他们能掌握学习方法，通过学习障碍，完成学习任务，增加在课堂上的获得量。

事实证明，学生在课堂上出现迷惑状况、遇到困难与思维阻塞是正常现象。教师在学生出现这些现象时，如果不及时地予以帮助，那么学生的困难就会越来越大，欠的“债”就会越来越多，一旦形成恶性循环，课堂教学效率只会每况愈下。

27. 教师和学生有效沟通的途径

有位名人说过："没有情感，没有爱，就没有教育。"作为教师，要想引导好、教育好学生，就要常常与学生沟通。教师在和学生沟通的时候，要有很多比较好的途径，这样能够使师生的交流达到事半功倍的效果。

一、利用书信形式沟通

师生通信

一名男生在写给杨老师的信里说：在以前的学校，我是一名"差生"，但自从转到您的班上，我发现您不像我以前的班主任那样只是一味地想让我转学。相反，我感觉，在您眼里，我和好学生是一样的，我会尽最大的努力爱护这个集体。

杨老师这样回复：看完你的信，我松了一口气，为你的醒悟、懂事而开心。你的表现让我非常欣慰，下次咱们再找个时间谈谈如何提高成绩。

教师评说

杨老师说，青少年是一个思想很不成熟但有着强烈独立愿望的特殊群体，有着很强的逆反心理，许多孩子很难向家长和老师当面说出自己在思想上、行为上的错误。杨老师发起的"师生互通书信感情互动"活动，目的正是给他们开辟一条可以倾诉的有效途径。

如今，"师生互通书信感情互动"活动，已从最初的教师与学生的书信往来变得更加形式多样：个别交流是教师和部分学生保持长期的通信；集体交流是利用一节课的时间让全班学生一起给教师写信；而公开性交流则是专门准备一个本子，由教师和学生、学生与学生之间相互写信，表达自己对建设班集体的想法，任何学生都可以翻阅；日记式交流是通过教师批改日记时写出沟通情感的评语，引发学生情感的共鸣；"成长袋"式交流是通过让学生设计"成长袋"，积累自己成长过程中的作文、试卷、绘画作品和手工作品等。

目前，这项活动已在全校学生中普及，学校至今存有保存完整、效果较好的师生互通书信几千份。这一封封涉及学生生活、情感、家庭、思想道德等问题的书信，不时地叩击着师生的心灵。

利用书信形式沟通师生之间的感情，可达到心与心的交流、情与情的相融、此举缩短了师生感情上的距离，是一座沟通师生心灵的桥梁。

二、利用晨会、班会时间沟通

教师可利用晨会、班会时间，以真挚的感情对学生进行日常行为规范教育、品德教育、心理健康教育、交通安全教育、生活安全教育等。教师可以介绍有伟大成就的人物的感人事迹，还可以随季节的变化进行信息宣传或知识辅导等随机教育。这样，可使学生时时处处都沐浴在健康和谐的教育环境中，一定会收到实效。

三、利用课间活动沟通

在课间，教师可以在班里或校园中转转，和学生聊聊天，适当地和学生开开玩笑，这样可以调节气氛，融洽感情。如每当教师换上新的衣服时，有的学生会兴奋地喊起来：老师真漂亮呀！老师真精神！于是学生笑，教师也笑，这样的小插曲不仅会拉近教师与学生的距离，而且，会充实学生的课间生活，还能预防或避免一些不安全事件发生。

用好课间十分钟师生幸福一辈子

我们的一些课间时间被称为“大课间”，因为上午第二节下课和下午第一节下课的课间活动时间是二十分钟。为增强学生的身体素质、放松他们的心情，学校将“大课间”分为两部分进行：前十分钟，全校师生一起做广播体操和自编舞蹈；后十分钟，分班进行自由活动，由教师参与并组织活动，活动内容包括跳绳、踢毽子等，另外还有利用体育教师自制的教具进行的活动。每当“大课间”的时候，操场上热闹非凡，孩子们的身体得到了很好的锻炼。更为可贵的是，师生的关系得到了极大的改善，那种和谐的氛围让人感到很舒服。

四、利用作业批语沟通

作业批语也可以表达老师对学生的一点儿关心。如：在某些特殊的日子里（如学生过生日，学生家中有困难之时），在学习好的学生产生骄傲心理、后进生有闪光点的时候……在这些时候，教师不妨以作业批语的形式悄悄送去一点儿爱心和关注。这样一来，作业批语可以其特有的情感交流形式，在独特的“两人空间”里架起理解的桥梁，为沟通师生感情起到非常重要的作用。

给学生一片广阔的天空，让学生乐在其中

教育家陶行知曾讲过：“真教育是心心相印的活动，唯独从心里发出来的，才能打到心的深处。”干巴巴的“√”“×”以及分数、等级很难让学生有认识错误的信心和热情。相反，一些感性的评语可以深入学生的心田，让学生真正认识到自己的不足。

女生薛婷有段时间很自卑、很沮丧，因为她在学习上付出了很多，但得到的远没有她付出的多；而同桌余敏平时学习看似不认真，花在学习上的时间也不是很多，但成绩总是在班级里数一数二的，惹得许多同学羡慕得要命。发现薛婷的这种自卑心理后，我在给她的作业批语中写下了这样一段话：

①你在上课时聚精会神，写作业时一丝不苟，你非千里马，然有千里志，旦旦而为之，定会成骐骥；

②余敏同学的数学成绩并非来自于偶然，你是否注意到余敏同学对问题的剖析总是很深入，对定义及公式的理解总是很透彻，这是许多同学都做不到的，也是用时间换不回来的一种学习品质；

③建议你把一部分动手的时间换成动脑思考的时间，试试看。

事后，她特地到办公室来答谢指点。近几次测试，她的成绩小有进步。她神采飞扬的眼神告诉我，她已重新获得了学习的自信。

五、利用创建班级文化建设沟通

以“一切为了每一位学生的发展”为出发点，教师要有一种把心灵沟通的思想教育渗透到每一次活动中的意识，如：放手让学生创办班级黑板报、制作手抄报、建图书角、创设学习园地等。在活动中，鼓励每一位学生积极参与，各展其能，用非语言的形式给学生一定空间，使他们在参与中得到成功的体验，感受到合作成功的快乐。

六、利用家访或电话加深沟通

家访或电话联系是了解学生情况的重要途径。通过家访或电话联系能及时了解学生的心理现状，有的放矢地解决学生的心理问题，排除“问题学生”的心理障碍，淡化“问题学生”烦躁不安、孤僻离群等心理。这样，可以使一些“老大难”问题取得意想不到的效果，特别是对于自控能力差、学习有困难的学生或心灵受到创伤的学生来说，效果更好。

家访时，当着学生和家长的面要肯定该生最近在学校的，并有针对性地提出希望，再给予关爱，从生活上关心，在学习上给予帮助，让学生树立自尊心和自信心。只要老师的工作做到位，学生就会有好的改变。

家访五原则

★家访前应做必要的准备，要胸有成竹，不要随意发挥，做到有的放矢。

★家访中应注意仪表形象，积极主动与家长沟通，创设与家长和谐交谈的气氛，消除家长的戒备心理。

★介绍学生情况时，要注意谈话的方式。如果学生在场，要注意维护学生的自尊心，避免学生产生逆反心理。

★要有礼有节，不要强词夺理。

★要态度谦和，不卑不亢，不要盛气凌人。

28. 直面教师自己的错误

师者，传道、授业、解惑也。因此，在人们的潜意识中，教师应该是智者的化身，是先知先觉的。因为大家在不知不觉中对教师形成了这样的角色期待，平时教师一旦在学生的面前出现错误，便觉得有损自己的权威，特没面子。尤其是在公开课上出现了错误，执教老师会满面通红，事后还要向听课教师再三解释，觉得自己是不称职的，在误人子弟。

错误是一种资源

“错误是一种教育资源”这一理念已为广大教师所接受。但人们对这一理念的解读将其狭义化了，即所看到的只是学生的错误可作为教育资源，所做的也只是在教学中对学生以爱心容错，艺术地开发错误的教育功能来加以利用。其实可作为教育资源的错误不仅仅是指学生的错误，还包括教师的错误，且教师的错误若能被善加开发与利用，则更是一种有效的教育资源。我们对任何教育现象的解释和教育理念的解读，都不能使教师缺席，而让教师思维出现盲点。

其实，人非圣贤，孰能无过。在课堂教学中，由于教师考虑不周而产生的失误也偶有发生，所以课堂上出现错误是在所难免的。现代社会中知识更新的速度很快，教师同样也需要不断学习，学生的学习也不再局限于课堂，网络、电视传媒等都是学生学习的有效渠道，教师在学生面前做到无所不知已不再可能，也没有必要。另外，现在的课堂是动态生成的，充满了不确定的因素，教师不可能也不应该完全准确无误地去预计课堂教学，要想在学生面前不犯错误已不再现实。

教师在课堂教学中出现错误并非就是在误人子弟，相反，教师的错误只要善加开发与利用，就能成为有效的教育资源，对促进学生的全面发展很有益处。在日常教学过程中，许多教师由于害怕在学生面前出错，总是把经过深思熟虑、精心准备的内容教给学生，把思维过程中完美的那一段呈现给学生，去除了错误的东西，略去了艰苦探索的过程，仿佛所有的难题在他们面前一触即溃，把自己装扮成无所不能的智者。其实这是不可取的。

学生心声

我的数学老师是一个三十多岁的女老师。有一次，她让一个同学在黑板上做一道非常复杂的题，那个同学写了满满一黑板。老师在评判的过程中看到这位同学没有写出一个步骤，就说这位同学做错了，那个同学就站起来指出了老师的错误。这时，老师没有对自己的过错解释什么，而是马上向这位同学认错，并且又认真细致地看了这位同学做的题，给出了最后的评论。后来，我们才知道，老师家的孩子病了，老师昨天一晚上都没怎么睡觉，所以今天上课时才出现这种状况。这件事不但没有让我们对数学老师有什么意见，反而使我们更加敬重她了。毕竟一个老师向学生认错不是常有的事。

我觉得老师也是人，也是平凡人，他们也会犯错误。只要我们理智地对待这些错误，只要老师不回避这些错误，就不会产生师生矛盾。学生不会因为一点儿小错误而瞧不起老师，反而会因为老师承认错误的勇气而增加了对老师的敬重。

人恒过，然后能改。我们都是平凡人，我们都可能犯错误，但只要我们正视错误，能承认错误，就能得到他人的谅解。

在教师出现错误和改正错误的过程中，学生看到了平时难得一见的教师在探索问题时真实的全部过程。教师的行为连同错误让他们懂得怎样去探索问题，怎样选择解决问题的策略，如何提高解决问题的能力。因为教师的错误会让他们体会到探索问题的过程是充满困难和艰辛的，从而磨练了他们的意志；同时也能让他们懂得教师也会犯错误，使他们在教师的错误中学会批判、学会质疑，形成吾爱吾师、吾更爱真理的实事求是的科学态度，因此教师不必担心在学生面前出错，出了错误也不用百般遮掩，要坦然承认、过而能改，将自己的错误变作一种教育资源，促进学生全面发展。也许正因为这一点，有人才说“最好的学生是由最差的教师教出来的”。

教师的错误是一种教育资源，提醒我们应该正确地对待自己的错误，还启发我们在教学中把犯错误作为一种教学艺术来运用。郎之万在给居里夫人等科学家的孩子们上课时，就曾经用“金鱼放进水里为什么水不会溢出来”这样一个错误问题，教育孩子要动手做一做。美国的怀特森教授也曾经杜撰了一个叫凯蒂旺普斯的冰川期的夜行怪兽，培养学生的质疑精神。教师艺术性地运用错误对学生的影响可能会伴随其一生，让学生终身受益。所以教师偶然的真实性的错误是一种教育资源，艺术性的错误更是一种教育资源。

经验共享

我在教学时，就很少对如何解题进行精心准备，常常与学生一起讨论问题，有一帆风顺的时候，有发生错误的时候，也有卡壳的时候。有的题目要通过不断试误才能解决。学生并没有因此受到不好的影响，相反，他们的教学能力得到了很好的发展；我也没有被学生小看，他们一有解决不了的问题就来找我一起讨论。师生关系相处得比以前更融洽了。

29. 让学生“亲其师，信其道”

教师的亲和力可优化师生关系，在某种程度上可缓冲有时难以相容的师生关系，使师生在真正平等的意义上开展教育活动，从而使学生“亲其师，信其道”，推动课程改革的深入开展。

一、提高教师亲和力的意义

理论课堂

著名的教育学家马斯洛的人本主义教育理论强调要尊重学生的个性与潜能，强调师生之间之间的平等与民主，要求教师理解学生、关心学生、信任学生，尊重学生的选择与自由，而不是将教师自己的情感、意愿强加给学生。这正是新课程教材内容所体现的“以学生发展为本”的理念。

教师的亲和力是学生和教师之间的粘合剂，是师生之间感情的润滑油。在教育实践中，教师只有尊重和爱护学生，善于与学生沟通和交流，才能拥有亲和力。基础教育课程改革，要求为学生创设主动参与的教育环境，强调人文关怀；而教师的亲和力则是教育人文关怀的具体表现之一，是让学生亲近教师的重要因素。

教师的亲和力是指教师通过其人格魅力以及关心、爱护、帮助、信任学生等带有感情倾向的行为感染学生、教育学生的能力。具体地讲，“亲”就是热爱之情，体现为爱心、关心、温暖、支持、信任、帮助等，“和”就是指协调、和谐，体现在师生关系的适度与合理上。实际上，教师的亲和行为体现了教师对学生积极、肯定的态度。

提高教师的亲和力对于实施课程改革、推进素质教育、全面提升教师的素质具有积极的意义。具体来讲，其意义主要表现在以下三个方面：

（一）提高教育的可接受性

在应试教育下，学生视学校为牢笼，丝毫没有乐学的体验，在心理上逃离校园甚至在行为上逃学。这使一些从学生把星期一比作“走向深渊”，而周末却是“胜利大逃亡”。导致此类问题产生的原因是多方面的，但其中重要的一个原因是传统教育过分强调教师权威，强调对学生的统一要求与严格训练，忽视学生的个性与特长，从而使学生感到教师不可敬、不可亲，感到学校没有吸引力与相容力且充满说教。这样，学生的学习也就没有积极性、主动性可言了。而强调亲和行为就是要强调师生之间的互信、互爱，营造一种具有凝聚力、向心力、相容力的学校教育环境与氛围，让学生愿意接受教育，积极主动地参与学习，发挥其创造力。

（二）促进教师素质的全面提升

没有高素质的教师就教不出高素质的学生，所以提高教师素质是实施课程改革、推进素质教育的关键。亲和力是提高教师素质的一个支点，因为具有亲和力的教师必须要以渊博的知识和精湛的教育教学能力与技巧作为基础。亲和力是教师在教育教学工作中积累了一定经验之后形成的素质的升华，可以说，没有较高的素质，教师难以有信心与学生打成一片；没有较高的素质，教师也难以了解与认同学生，即使教师有主观愿望与学生接近，学生也会觉得教师做作而拒绝教师的亲近行为，使教师无从下手。教师的亲和力其实也是对教师素质提升的一种压力：没有较高的素质就很难教好学生。

苏霍姆林斯基指出："课堂上一切困惑和失败的根子，在绝大多数场合，都在于教师忘却了：上课，这是教师和儿童的共同劳动，这种劳动的成功，首先是由师生关系来确定的。"师生关系是学校中最重要的社会关系。这一关系如何互动，直接影响着教育教学的效果，影响着学校功能的实现。

（三）保护学生的成长自由

课程改革是要把学生培养成具有创新进取精神，基础知识全面、扎实，有较强的综合实践能力和独立获得知识的能力，个性、特长得以发展的一代新人。这与素质教育培养多样性发展的学生，允许学生具有发挥个性与潜能的自由的要求是一致的。但在传统教育单纯强调教师的权威的情况下，学生视老师的话为圣旨，唯有服从，没有自由可言，这样就会扼杀学生的创新精神。教师的亲和力要求教师要认同学生自愿的、符合社会规则的行为与言论，使学生能自由地从个性与潜能出发去寻求成长的道路，成为社会需要的各级各类的人才，而并非是传统教育所强调的精英人才。其实，真正能成为精英人才的人毕竟是少数，而社会对人才的需要是多方面的。

二、培养教师的亲和力的方法

教师的亲和力的培养不是一朝一夕的事，那么教师的亲和力的培养应从哪些方面做起呢？

（一）微笑的原则——缩短师生间的心理距离

教师在课堂上面带微笑，会让学生既感到亲切，又能得到放松，在和谐的教学氛围中学习知识，师生的沟通是快乐而积极的。因此，教师在上课前的几分钟预备时间中不仅要准备教案，更要准备一个好的心情，能带给学生一个轻松的微笑，从而拉近师生间的心理距离，让学生感觉到老师是爱他们的，这样教师身上就有了“迷人的魅力”——这也许是一节成功的课的必要前提。

微笑的魅力

在张艺谋拍摄的8分钟申奥专题片，出现频率最多的是笑脸，影片用无声的语言告诉世界：“北京欢迎你！”从某种意义上说，这部影片在成功宣传中国政府申办奥运会的思想方面立下了汗马功劳。可见，微笑的影响力是十分惊人的。心理学研究表明，微笑是人类交流中最有效的语言。

（二）民主的作风——让学生感受你的公正

在今天，如果教师仍然信奉“师道尊严”，视学生为“子辈”的话，那么我们就远远背离了今天所需要的新型师生关系——民主而平等的师生关系。

告别“专制”，走近学生

在日常教学过程中，有的教师会自然地将“上下级”的色彩带入教学中，用命令式的语气同学生谈话，甚至慢慢忘记了我们经常教育学生要讲的“请”“谢谢”“对不起”等用语；在班级管理中，抛弃了民主群议的原则，而搞起了“一言堂”，教师独揽了一切决定权，学生几乎看不到教师有愿意倾听学生的心声与建议的迹象。久而久之，学生对教师会产生失望和冷漠的情绪……这些，也许就是相当一部分教师不受学生欢迎的重要原因。

现今，新型的民主平等的师生关系在客观上要求教师爱学生，理解和信任学生，懂得去倾听学生的想法和看法，能让学生享受真实而广泛的“基层民主”。从课堂上的民主讨论，到班级生活中的集体事务公示、征询和群议；从做学生的“知心朋友”，到成为他们可信任的导师，教师的民主作风不可忽视。

（三）幽默的谈吐——微妙的人格吸引力

幽默的魅力

幽默是人际交往中的一种奇妙的润滑剂。不可否认，幽默能自然地消除陌生人之间的心理上的敌意，拉近彼此的心理距离。谁都愿意和一个有幽默感的人相处，而不愿和一个整天板着脸、毫无趣味的人相处。幽默作为一种生活情趣，能反映一个人的修养和情调，极易对他人产生人格吸引力。

教师的幽默应来自对学生真挚的爱。教师用自然而亲切的语言和身体语言去“制造”幽默，让学生在学习和生活中感受到一种轻松而向上的生活情趣，激发他们对生活的热爱；教师的幽默要符合学生的年龄特征、所

在的场合及教育内容的需要，切不可随心所欲地开一些不登大雅之堂的玩笑，制造所谓的“噱头”，其效果只能是适得其反。其实，并非人人都天生具有幽默感，但后天的努力(如读书看报)也能培养人的这种情趣。对于幽默的教师，学生往往表现出更大的好奇感，每天在课堂上总有一种期待，那么他们还会对这门课程厌烦吗？还会在这节课上打瞌睡吗？比如一个后进生私下里评论一位老师：“他的课上得很生动，而且很风趣……不知道为什么，我一天看不到他就感到焦急，一上他的课我就很兴奋，想打个盹儿都难！成绩也很奇怪地提上去了！”这难道不是幽默的魔力吗？

（四）关爱学生，不做“唐僧”——有原则地宽容

拒绝做“唐僧”

看过《西游记》的人大多忘不了“三打白骨精”那一段内容，都会为孙悟空鸣不平，也痛恨唐僧不辨是非、固执狠心，对孙悟空没完没了地念紧箍咒。如果我们用批判的眼光来看待我们的教育方式，其实有时许多教师身上也有唐僧的影子。

美国一位教育界资深教授说过：“教室就是出错的地方，学生不犯错误是可怕的事情。”我们的教育理念往往容易受传统的影响而苛刻地去要求学生。于是，他们不能有一点儿错误，否则就要经常地被教师“提醒”。许多教师一次又一次地揭学生的“老底”和“伤疤”，甚至使出“撒手锏”——请家长来陪训，这实际上在无情地损伤学生的自尊心，剥夺他们改正的机会，粉碎他们做“强者”的信心和决心，而使他们逐渐情绪低落、消沉。

对于“唐僧”式的教师，学生除了表面上的“怕”或“敬”之外，剩下的恐怕就是腻烦和仇恨了。他们轻者表面一套背后一套，制造“小麻烦”；重者很容易与教师发生口角对抗。托尔斯泰曾经说过：“如果一个教师把热爱事业和热爱学生结合起来，他就是一个完美的教师。”其实教师完全可以给学生更多有原则的宽容，在学生出现错误以后，化“暴风骤雨”为“和风细雨”，指出其错误之所在，然后选择适当的方式倾心真诚地与之交谈，如到安静的场所个别谈话，或推荐一篇哲理性的美文，或友好地表达自己

对他的期望值。这种“从宽”方式的教育效果比起大发雷霆的训斥不知要强多少倍！与此同时，教师的亲和力也自然而然地在学生心目中产生了，教师的有原则的宽容已经悄然激发了学生的自尊心，使学生对教师的爱油然而生。

（五）丰厚的文化底蕴——富有召唤效果的说服力

教师的文化底蕴对学生一生的影响是极大的，它能够对学生的人生观、价值观及审美观起到引导作用。如果教师能不断提升自己的文化修养，开拓视野，积极学习，使自己的文化底蕴得到扩充，那么教师不经意间的谈吐便会留给学生美好的印象，而且能积极引导学生的发展方向。许多学生就是从对某个教师的“崇拜”和“敬佩”而开始对某一学科产生浓厚兴趣的，这种影响力其实更具有强烈的召唤效果。

（六）与时代同行——感受你的“年轻”

如果说今天的教师仍然认为只要自己有“一桶水”“一缸水”就一定能教学生“一碗水”的话，那么这个教师的思想已经落伍了。当前是信息爆炸的时代，教师不能仅仅满足于自己已有的知识，而应紧跟时代的步伐。如果说某位教师至今不懂一点儿计算机及网络技术，不懂一点儿外语的话，就应产生一种危机感了，因为学生的许多方面已经超过他了！在学生的眼中，教师就应该是与时代同行的，所以对于学生关注的许多“新潮”的事物，教师至少应去了解一二。

有人说，关注潮流是年轻人的事，老教师自然没有优势。但是，教师的年龄并不是问题，如：许多老教师在教坛上仍是风采不减，教学技艺精湛，坚持精心准备每一节课，给学生最精彩的知识，因而学生对他们的课极为欢迎。这从一个方面也说明了我们的教学心理年龄需要“年轻化”，这样才能对学生产生人格上的强烈吸引力。

既知教之所由兴，又知教之所由废，然后可以为人师也。

——《礼记·学记》

教师只有多了解教育与学生身心发展的规律，才能在教育园地中有丰富的收获，体验为人师的幸福与快乐。教师也只有严格要求自己，以身作则，才能树立自己的威望，培养自己独特的亲和力，才能让自己在学生心目中留有独特的魅力。

30. 把握和学生谈心的艺术

一、师生谈心的必要性

成功的教育取决于多项因素，其中一项重要因素是教师与学生之间有效的心灵沟通。教师与学生进行心灵沟通，有利于建立良好的师生关系，产生良好的教育效果。许多教师和父母常常不自觉地或习惯性地使用沟通的“撒手锏”——命令、警告、训诫、讽刺、责难等语言，往往导致学生的反抗或顺从、依赖和沉默。这些沟通的结果都违背了教育本身的初衷。我们的教育目的是挖掘学生的潜力，帮助学生激发他们本身的固有的创造力和思维活力，帮助他们成长为一个自信、自立的人，不是培养学生的依赖性和服从性。

我们都知道“环境造就人”这样一个毋庸质疑的事实，我们每一个成人都会感同身受并相信它。作为教师，我们给学生提供的是怎样的环境？在与学生的沟通中是否一贯理性地把握了某些原则，比如平等、尊重？是否对照教育的目的而常常反思自己的言行，改进沟通的方式？如果在这些方面做得不够好，我们就可能无意识地伤害了一些学生。

二、与学生谈心的技巧

要想与学生很好地沟通，教师必须要有意识地改变与学生沟通的方式与方法，主要应注意以下四个方面的内容：

（一）谈心之功在于心——与学生心连心

作为一名教师，能否用好谈心这种方式积极主动地开展工作，主要看你对学生是否足够了解。了解学生是师生沟通的首要条件，了解学生方能深入理解学生。在互相理解的基础上，师生才能达到心理上的共鸣。这也是教师的本职。我们教师要了解学生的家庭、性格、学习成绩、兴趣爱好等，只有这样才能使谈话达到目的。工作中要多问，特别是组成一个新的班级时，应问问学生有什么新的打算，适不适应新班级和新环境，学习上是否跟得上，他们的兴趣与爱好，等等。在与家长的接触中，要经常询问其子女在家里的生活、学习习惯，性格特点，家庭教育，等等，还要主动向以前的班主任、任课教师了解，以求更深入地了解每位同学各个方面的情况，掌握他们的思想动态和存在的问题。

为了使谈话顺利开展，教师可采取“投其所好”的沟通策略，找到学生感兴趣的内容。同时，为了防止谈话内容无意识地触及伤害学生的话题，例如家庭的变故、学生的一些缺陷等，教师必须足够了解学生。

（二）谈心之法在于情——动之以情

谈心时，教师要怎样坐在一块儿，说到一起？教师找学生谈心时，对方往往一开始并不注意你讲的道理，而是看你的态度和感情。如果不先搭起感情的桥梁，再好的道理学生也听不进去。谈心要交流思想，但首先要交流感情。教师和学生的谈心既是心理上的沟通，也是感情上的交流。只有在相互平等、相互尊重的基础上，才能建立良好的谈心气氛，才能谈得拢、谈得好。

对于学生来说，教师的爱是一种神奇而又伟大的力量，是除了母爱之外世界上又一伟大的爱。这种爱是无私的。但师爱不同于母爱，因为师爱是一种理智与心灵的交融，是沟通师生心灵的桥梁。师爱可以引导学生产生巨大的内动力，去自觉地、主动地沿着教师指出的方向迈进。只有教师给学生以真挚的爱，给学生以亲近感、信任感、期望感时，学生才会对教师产生依恋、仰慕的心理，才能向教师敞开内心世界，教师才能“对症下药”，收到应有的效果。因此，教师必须用自己的爱心去感化学生，只有做到动之以情、晓之以理、寓理于情、情理结合，才会产生动情效应，从而收到较好的德育效果。

（三）谈心之力在于理——晓之以理

谈心的目的是解决学生的思想问题，提高他们的认识水平。错误的思想只能用正确的思想克服、战胜，心中的黑暗只有用哲理才能驱除。这就要求教师必须抓住一个“理”字，把道理讲透，以理服人。谈心的力量的强弱和效果的好坏不在于教师的年龄、权力的好和职务的高低，而在于教师能否谈出道理，以理服人。谈心就是用道理去分析、启迪学生的心灵，用正理说服歪理，用大道理管理小道理，由小道理引出大道理。教师和学生在总结经验教训的过程中通过反思而明理，通过驳歪理、树正理而同时还可以互相讨论、取长补短、交流思想、探讨真理。谈心时，切忌“就事论事”。

经验分享

教师不能讲虚理；切忌“简单从事”，只听到一点儿、看到一点儿就评论是非，甚至以严厉的态度要求学生服从，这样是得不到好效果的。教师要以理服人，允许学生反复思考，提高认识。从学生的觉悟程度出发，让学生接受，谈心才能实在、有力，从而达到心理相容见实效的目的。

（四）谈心之路在于“疏”——“疏”胜于“堵”

这里的“疏”是疏通的意思。教师与学生、学生与学生之间的隔阂、疑虑不能单靠在课上解决，也需要通过个别谈心去消除。学生的思想基础、觉悟程度、知识水平、所处环境、性格特点等都是有差异的，所以疏通谈心之路时要具体情况具体分析。教师对有缺点、错误的学生要诚恳劝导，切忌简单急躁、急于求成，要不怕麻烦，像绵绵细雨、涓涓流水一样去接触问题，彻底纠正“久旱不管，一下就满”的方式。

谈心要有的放矢，“对症下药”。对性格内向的学生，教师可采取“拉家常”的方法，教师可由远而近，先轻后重，循循善诱地谈；对性情耿直爽快的学生，教师最好直截了当地把问题点透，不转弯子，不兜圈子；对觉悟较低、性格独特的学生，教师要善于从对方的内心情绪和要求谈起，先回避“烦恼”“卡壳”的问题，从侧面迂回曲折地引导。总之，教师要多想几条“谈心的路”，不能只走“宽阔大道”，也要善于“走小巷”，运用多种知识，因势利导。同时，教师应尽可能地把解决思想问题与解决实际问题结合起来，这样才能取得最佳的谈心效果。

31. 正确对待“差生”

正确对待“差生”的关键是从激励入手，让他们感到温暖，树立起信心，抬起头来走路。用激励的措施来转化“差生”。

一、目标激励

将目标层次化：对各年级、各班级、各类学生分别提出不同的目标，也就是把个人近期和远期目标同班级目标结合起来，班级目标应围绕学校的大目标而制定。这样，引导学生向着既定的目标努力奋进，从而对“差生”产生激励、鞭策的作用。

二、尊重激励

受人尊重是人的基本心理需求。教师对学生尊重，能使学生产生满足、愉快的心理体验。教师应公正、平等地对待“差生”，尊重他们的人格，听取他们的意见，从而对他们产生一种激励作用。对“差生”要多几分尊重与理解，这样一来，“差生”就会逐渐认识到自身的价值，改变自甘落后的思想，从而产生一种积极进取的动力，真正使阻力变成动力。

三、情感激励

人都是有感情的，“差生”也有丰富的感情世界。由于他们常常受到冷眼，所以外表给人的感觉总是冷漠的，有时甚至有些不近情理。因此，要转化他们，必须大力进行感情投资。有关事实证明：师生之间建立深厚的感情、亲密的关系，是转化工作的一个必要条件。古人言：“亲其师，信其道。”学生对教师有感情，才会听取教师的教诲，否则教师苦口婆心的教育只是徒劳。教师应特别注意与“差生”沟通感情，增进了解，以换取他们的信任，这样，他们就会消除与教师之间的心理隔阂，产生感情上的共鸣。在这种情况下，对“差生”及时进行引导，会产生理想的教育效果。

四、榜样激励

通过介绍先进人物的事迹，对“差生”产生一种感染和激励作用。“差生”一般比较注重具体的、实际的东西，对教师空洞的说教常有一种逆反心理：你要他这样，他偏要那样。所以，单凭说理是难以见效的。针对他们的这一心理特点，教师要常向他们讲述华罗庚、爱因斯坦等名人原来学习基础也不算多好，由于发奋努力，才成就了大事业的事迹。平时，应特别注意在本校、本班级树立学生身边的典型，对那些基础较差但进步较快的同学要给予大力表扬，号召全体同学向他们学习。这样做，不仅能促使这些学生加倍努力，而且能使“差生”看到进步的希望。榜样的力量是无穷的，经常宣传榜样，树立典型，对“差生”的教育就能收到较好的效果。

五、成功激励

给“差生”一些“阳光”

师长尤其是教师往往是学生心目中的“权威”，如果教师对他们的评价是积极肯定的，他们的自我意识、自我形象一般就要好一些，从而对其取得成功的自信也就要多一些。教师要多表扬他们取得的成绩，尤其是要善于发现“差生”的“闪光点”，充分肯定其取得的点滴进步，以点燃他们心中的奋斗之火，使这些“差生”感觉“我还行”“我还有希望”。当然，有时对“差生”进行适当的批评也是可以的和必要的，但是千万不要用贬义、否定的话语，更不可骂“差生”是“傻瓜”“笨蛋”“不可救药的”等。

教育心理学告诉我们：想获得成功是人们普遍的心理愿望。“差生”在看到班上其他同学取得成功之后，内心羡慕之余，也会产生获得成功的欲望，也想体验成功的快乐。因此，教师在各项活动中，要特别注意鼓励“差生”积极参与，发挥他们各自的专长，为他们创造成功的条件和机遇；因人而异，扬长避短，不断为他们创造走向成功的机遇。这样，通过成功的激励，能够帮助他们树立信心，促进自身的转化。

六、关怀激励

对“差生”真心爱护、热心关怀，用爱心温暖他们冰冷的心，从而产生激励作用。“差生”之所以后进，原因是多方面的。这其中有主观原因，但更多的是客观原因。所以，教师要无微不至地耐心关怀他们，用一点一滴的小事触发他们，使他们改变落后的观念，积极上进。

七、表扬激励

荣誉是人的自尊心的需要，恰当而又适当地给“差生”以表扬和鼓励，能够帮助他们克服自卑心理，激发他们的荣誉感和进取心。在平时，我们要多找“差生”的“闪光点”，毕竟“差生”并不是一切都不好，他们身上也有“闪光点”。如：有的学生虽然纪律观念淡薄，但能积极劳动，不怕苦、不怕脏，带头完成任务；有的有的学生对班集体不够关心，但常常能够见义勇为，助人为乐；有的学生文化基础较差，但学习态度比较认真……“差生”凡有积极行为和进步表现时，教师都应给予表扬和鼓励，激励他们进步。

八、家庭教育激励

家庭教育在学生成长中也是重要的一环，它对“差生”的转变更为重要。对“差生”，要予以说服，晓之以理、动之以情。切忌简单粗暴和放任自流，严禁体罚和各种高压措施。教师要对家长进行说服工作，要求家长的一言一行要起表率作用，创造民主的家庭氛围，父母与孩子之间建立平等和睦的关系，父母对孩子既不溺爱、有求必应，又不简单、粗暴、独断专行、强加意志。父母对孩子的要求要切合实际，期望值不能过高，以免造成孩子巨大的心理压力。父母要培养孩子积极向上、热爱生活、热爱学习的品质，树立差生的自信心，使他们看到光明的前程。

“差生”问题不仅仅是个教育问题，实际上也是个社会问题。既然是社会问题，我们就要花大力气来解决。在教育过程中，教师应正确对待“差生”，让他们感到温暖，让他们树立起信心，抬起头来走路。这样，才能全面提高“差生”的素质，开创“差生”思想教育工作的新天地；面向全体学生，全面贯彻党的教育方针，提高整个中华民族的素质，培养各种高素质的人才。

32. 对学生做到“绿色”批评

在今天，“绿色”二字意味着健康，如：绿色奥运、绿色食品、绿色环境……人们称绿色为生命色。作为教师，每天教书育人，免不了要为了学生的健康成长而批评他们。教师的批评不能无度，要注意方法，要做到“绿色”批评。下面就教师对学生的“绿色”批评谈几点意见。

一、不良的批评习惯

学生由于生活经验不足，总会犯些错误。这不足为奇，关键是我们做教师的如何对待那些犯错误的学生。当学生有不正确的言行或不良习惯时，教师不能熟视无睹，更不能听之任之，而要给学生以适当的帮助和教育。在我们的周围，经常有一些教师不能正确地对待犯错误的学生，非打即骂，对于学生为何犯错误不闻不问，只是责备学生，结果是教师出了气，学生不服气。这样的批评往往起不到应有的效果。一般来说，教师对待犯错误的学生容易产生以下几种不良的态度：

（一）“武力”解决问题

有的教师一看到学生犯了错误，就立刻火冒三丈，非打即骂，好像对学生打一顿、骂一通，他就不会犯错误了。其实打骂不能解决根本问题，不能让学生明白事理。打骂是不尊重学生人格的做法，会严重挫伤学生改正错误的积极性。因此，在学生犯错误后，用打骂的简单方式粗暴地对待学生是不可取的。如果一味地打骂，可能会使学生变得“听话”，成了一只“驯服的小绵羊”，从而只是盲目地服从，失去了独立精神；或者是学生表面上一百个服从，而内心有一万个不服，长期下去，培养出的不是创新型人才，而是“两面人”。最糟的情况是学生产生对抗情绪，以牙还牙，和老师对着干。这些都背离了教师的育人理念。

（二）放任不管

有的教师由于方法不当，一时管不了犯错误的学生，久而久之，就彻底不管了。见谁都说：“这孩子我可管不了了，你上课时他要再闹，你就狠点儿揍。”要不就当着学生的面说：“谁帮我管管他……”教师都这样说了，犯错的学生就更无所谓了，反正教师也管不了他，于是他就更加放肆了，致使教师上不好课，学生不能好好学习。家长把孩子交给我们，我们就应该负起责任，寻找科学的批评教育方法和艺术，做到既严肃又有耐心，使学生心服口服地接受批评、改正错误，健康茁壮成长。

二、对犯错误的学生要做到“绿色”批评

现在有人提出“心灵环保”的概念，呼唤关注和保护学生幼小的心灵，把不伤害学生心灵的批评称为“绿色”批评。“绿色”批评是把批评的话语转化为学生易于接受、易于消化的良言，在充分尊重学生人格的同时使学生愉快地接受批评，从而帮助学生改正缺点，使他们更轻松、更愉快地前进。要想做到“绿色”批评，要做到如下几点：

如何做到“绿色”批评

- 批评要有针对性
- 批评要注意场合
- 批评要注意语言“美”
- 批评要注意态度
- 要抓住有利的批评时机

（一）批评要有针对性

批评学生时，因为学生的性格、气质、思想基础和心理活动都不完全相同，所以批评的方式方法也应该有一定的区别，不能千篇一律，要有针对性。批评比表扬更难，对孩子心理的影响更大，要特别慎重，切勿过分强调学生的过失，要帮助学生从主观上找原因，重点帮助他们分析犯错误的原因和今后如何改正错误。

（二）批评要注意场合

批评学生时要看场合，不要在许多老师或同学面前批评他。否则，因为面子上过不去，他往往不听管教或教育效果不理想，所以最好单独批评犯错误的学生，不要让学生当众出丑。

（三）批评要注意语言“美”

许多老师因为“气大”，所以批评学生时语言尖酸刻薄，好像越这样越有效果，其实不然。这样批评学生只能是物极必反，造成学生有厌恶、反抗的心理。但是，批评要注意语言“美”并不是说让你说好听的，哄小孩子，而是要把批评的语言转变成委婉、易接受的话，让学生听起来感觉老师是为了自己好我可不能辜负老师对自己的信任。

（四）批评要注意态度

批评时态度可以严肃，但不可粗暴、随意。在批评前应先表扬学生的优点、长处、闪光点，这样做会使学生乐于接受批评。有些聪明懂事的学生一不小心犯了错误，可以用协商的口吻对学生说："你认为这样做对吗？"教师与学生如此平等交谈，以诚相待，让学生自己去认识错误，会使学生通过教师的态度体会到教师的批评是善意的，就会乐于接受。

（五）要抓住批评时机

学生的心理状态不同，接受批评的态度也不同。在通常情况下，学生在心情平静时更易认识到错误。所以批评要选择有利于与学生交流的时机。比如：在与学生玩游戏时提出学生的过失，也可以在谈别的事情时转到学生的问题上，还可以在学生受到奖励而高兴时趁机提醒学生的不足之处。对于学生犯的比较严重而可能造成损失或伤害的错误，要及时指出并批评。有些错误可先指出，让他好好想想一段时间后再批评，但间隔的时间也不宜太久：日子久了，再来批评，学生早已忘记，会感到莫名其妙。

批评作为一种常用的教育手段，也是一种微妙的教育艺术。教师要善用批评、少用批评、用"绿色"批评。教师要通过高明的批评产生"山重水复疑无路，柳暗花明又一村"的教育效果，让每位学生的记忆中少一些批评的阴云，多一些表扬的阳光。

33. 与学生沟通的四座桥梁

良好的沟通是教师与学生、教师与其他人之间建立深厚情感的基础。沟通的效果与教师的态度有很大的关系，正确的态度是深入沟通的前提，是师生双方彼此接纳的桥梁。

一、尊重

在马斯洛的需要层次理论中，尊重的需要是第四层次的需要，是第五种需要（即自我实现这一最高层次需要）的前提。人本主义心理学特别强调人性的基本需要是自尊、自我喜悦和自我欣赏，认为一个人有多少自信和自尊，他便会有多少幸福，便会有多少成就。有位教育学家说过，教师有可怕的力量和得天独厚的机会去影响学生的一生，他的尊重带给学生的自尊与自信，可以说是学生快乐的源泉，是学生不断努力和超越自我的源动力。

> 一位特级教师在介绍育人经验时说："我没有灵丹妙药，就是尊重学生。我用尊重学生的实际行动转化了很多顽皮难管的学生。"

在人际交往过程中，有一条重要的原则，就是"你希望别人怎么待你，那么你就要怎么待人"。这体现在师生关系中，就是要求教师能放下"师道尊严"的架子，让学生和教师处于一个人格平等的位置上。教师不要因为自己是学生知识的传授者和管理者就高高在上，就对学生有绝对权威，就可以忽略学生的尊严和独立人格，就可以漠视学生的各种心理需求，就拒绝给予学生充分的理解与尊重。只有这样，教师才能与学生进行很好的沟通，从而建立良好的师生关系。

在细节中尊重学生

对学生的尊重可表现在很多方面：

★尊重学生的兴趣、爱好。

★尊重学生的情绪和情感。

★尊重学生的个性特点。

★尊重学生的抱负和志向。

★尊重学生的选择和判断。

★尊重学生的个人意愿。

尊重学生不是口号，需要落实在行动上，从一件件小事做起，如：记住学生的名字；倾听学生的发言；不随意打断学生的陈述；尊重学生的意见，不随便否定学生的奇思妙想；不在全班同学面前公开学生的考试成绩，不搞成绩排名；对擦黑板的学生说"谢谢"；等等。同时还应自觉做到不体罚学生，不大声训斥学生，不冷落学生，不嘲笑学生，不随便当众批评学生。另外，还要特别注意不伤害有生理缺陷的学生。总之，教师要从一点一滴的小事做起，真心诚意地尊重学生，使学生养成自尊和尊重他人的美德，幸福快乐地成长。

二、热爱

苏霍姆林斯基说过，爱自己的孩子是人，爱别人的孩子是神。教师担当和从事的是爱的教育。和谐的人际关系不是利益关系，不是交换关系，不是权力关系，也不是亲情关系，而是一种出于内心真诚情感的平等友爱、纯洁健康的关系。

教师处理师生关系时，应对学生有无私的爱，不能把教师这一职业看成是一种谋生的手段，因为它背负着重大的人生使命。只要充当教师这个角色，对学生的爱就是不可或缺的。这正是教师这一职业的伟大之处。

> “(师)爱不是一个偶然幸运地体现并陶醉的一种纯粹的快感，而是一门艺术，一门需要知识和努力才能学会的艺术。这种艺术，简而言之，就是教师对学生的爱应体现为严格要求学生和尊重学生的高度统一。”
>
> ——[美]弗罗姆

作为教师，不仅要关心学生的学习，而且要关心他们的生活状况和家庭状况。特别是对失去家庭温暖、性格行为怪异的学生，对学得艰苦、学业成绩却不佳的学生，对成绩较差、行为习惯不良的学生，教师更要经常与他们进行情感交流，让爱与关怀如春雨般滋润他们渴望成长的心田。

三、真诚

唐代诗人白居易说：“感人心者，莫先乎情。”这真实地道出了真挚情感的重要性。人对感情是十分敏感的：人们能够体会其中的真诚与虚伪，并对此作出相应的反应。因此，要想获得他人的真诚相待，就要真诚地对待他人。师生之间也是如此。作为教师，想与学生真诚地沟通，想了解学生的真实情感，就需要真诚地对待学生，让学生感受到教师是真诚的。这样，教师与学生才能够建立互信关系，师生的心理距离才能逐渐缩短，心灵的沟通才能实现。只有真诚关爱才能使教育达到预期的效果。很多老教师有这样一种感触，就是在若干年后依然和自己保持联系的学生，往往是当时班里最顽皮、最不听话的学生，当然也可能是教师当时真诚地倾注了大量心血的学生。究其原因，其实是教师的真诚打动了他们的心，让他们在以后的人生岁月里对教师怀有深深的感激之情。因此，作为教师，应该克服以领导者自居的观念，把传授知识与情感投入相结合，学会尊重学生，真诚地爱护学生。

四、欣赏

每个人都会有优缺点，如果总是盯着别人的缺点不放，就很难欣赏对方的优点和长处，就会对对方产生否定的情绪，在心理上也会排斥对方，从而产生消极的情感体验，双方的交流也会很不和谐。由于不能自由、坦然地表现自己，师生交流与沟通的深度就会有很大的限制。人是在欣赏与鼓励中成长的，一个人只有自己被别人肯定后，才会去肯定别人。所以作为教师，看到每个学生的优点是至关重要的。只有看到学生的优点，才能够真正地尊重他、欣赏他。经验表明，一位教师如果能看到全班每个学生的优点，师生沟通一定会很顺利，他的教育教学效果也一定会很好。

欣赏的伟大力量

某位作家青年时期是一名记者，曾报道过一个犯案上千起、作案手法非常高明的小偷。他在文章最后情不自禁地慨叹："像心机如此细密，手法那么灵巧，手段这样独特的小偷，做任何一行都会有成就的吧！"他不曾想到，他的这句话，竟使这个小偷迷途知返，把才智用在了正道上。

欣赏是理解的延伸，是知性的壮美，是无穷的力量。因此，欣赏学生始终是真正的教育力量。这种力量的源泉在于相信每个学生"心中有光"，能使学生知道教师有一颗仁慈、宽容、博爱之心，有一份热诚、坦荡、无私之情。在这一点上，先哲培根的话最为经典："欣赏者心中有朝霞、露珠和常年盛开的花朵，漠视者冰结心城，四海枯竭，丛山荒芜。"

赏识对于成长中的学生来说更是至关重要的，就像植物需要阳光。对学生进行赏识教育，尊重学生、相信学生、鼓励学生，可以帮助学生扬长避短，克服自卑、懦弱心理，树立自信心。性格内向、孤僻或者学习有困难的学生更是渴望得到赏识。一个人的自尊需要得到满足，将会使人感到自信，认识自我价值，从而产生积极的自我肯定，获得幸福感；而来自教师和同伴的赞赏比来自父母的赞赏更能激发学生的内在动力，所以平时仅靠教师"孤军作战"去赏识，还不容易奏效，还需要教师带动其他学生，创设群体赏识情境，发挥"群策群力"的作用，让学生受到赏识、学会感动，才能收到事半功倍的效果。

参考文献

1. 瓦·阿·苏霍姆林斯基. 给教师的建议 [M]. 杜殿坤，译. 北京：教育科学出版社，1984.

2. 徐世贵. 怎样听课评课 [M]. 沈阳：辽宁民族出版社，2000.

3. 李如密. 教学艺术论 [M]. 济南：山东教育出版社，1995.

4. 刘良华. 教育自传 [M]. 成都：四川教育出版社，2006.

5. 皮连生. 学与教的心理学 [M]. 上海：华东师范大学出版社，2009.

6. 杨九俊. 新课程说课、听课与评课 [M]. 北京：教育科学出版社，2004.

7. 周成平. 新课程名师教学 100 条建议 [M]. 北京：中国科学技术出版社，2005.

8. 熊川武. 反思性教学 [M]. 上海：华东师范大学出版社，1999.

9. 郑杰. 给教师的一百条新建议 [M]. 上海：华东师范大学出版社，2004.

10. 方国才. 新课程怎样教得精彩 [M]. 北京：中国科学技术出版社，2006.

11. 周成平. 中国著名特级教师课堂魅力经典解读 [M]. 南京：江苏人民出版社，2006.

12. 周成平. 魅力教师的修炼 [M]. 南京：江苏人民出版社，2007.

13. 李明高. 教师最关键的 18 项修炼 [M]. 南京：江苏人民出版社，2008.

14. 郑金洲. 说课的变革 [M]. 北京：教育科学出版社，2007.

15. 李学农. 班级管理 [M]. 北京：高等教育出版社，2004.